¿QUIÉN TE ENSEÑÓ QUE ESTABAS DESNUDO?

Una Refrescante Reexaminación del Jardín del Edén

Por William E. Combs

Carpenter's Son Publishing

Para información sobre permisos, escriba a:
William E. Combs
P.O. Box 75432
Seattle, WA 98175-0432

Publicado por Carpenter's Son Publishing,
Franklin, Tennessee

Publicado en colaboración con
Larry Carpenter of Christian Book Services, LLC
www.christianbookservices.com

Cubierta y Diseño de Interiores por William E. Combs
Foto de portada de dominio público por 'Bobbi Jones'
Editado por Robert Irvin
Traducido por Javier Bolaños
Publicado en los Estados Unidos de América
978-1-946889-22-5

Índice

Para Miriam en recuerdo amoroso,
Mi alma gemela dada por Dios,
Mi esposa por cuarenta y ocho maravillosos años,
Llena de amor, valentía, fuerza y sabiduría.

Eras mi cálido, dorado amanecer,
Mi alegría profunda y permanente,
Mi novia, mi canción,
Mi tesoro, mi amiga más cercana.

Oh, ver tus claros ojos azules,
¡Y escuchar el timbre alegre de tu risa!
Todas estas cosas que he dicho y más,
Me convencen de que eres bendecida por Dios.

Un agradecimiento especial a familiares y amigos por apoyarme con su estímulo y oraciones mientras desarrollaba este manuscrito de una idea de sermón a su forma actual.

Valerie Saunders, Ron Combs, Mike y Cheryl Combs, John y Linda Combs, Lana Combs, Edie Johnson, Ralph y Betty Thomas, Al y Sharon Royce, Wayne y Suzanne Bowen, Louine Verneuil, Kerry y Jackie Schmidt, Marty y Barb Ferguson, Alley y Linda Lana, Jim y Luella Lindley, John y Peggy Gillespie, Gloria Irwin, Mark y Ginny Bigelow, Scotty y JoAnne Cookston, Jim y Christie Garras, Linda Anderson, Russ y Louise Simmelink, Bill Davenport, Keith y Nancy Arnold , Fred y Ardi Lupton, Larry y Becky Bugbee, Nick y Blanche Campbell, y Jonathan y Jennifer Lucero.

Reconocimientos especiales a mis amigos, los reverendos Al y Mary DeHaven, misioneros jubilados a Escocia, quienes me dieron una crítica inicial del manuscrito junto con sugerencias para preguntas de estudio.

También estoy en deuda con Larry Carpenter, presidente de Carpenter's Son Publishing, y su excelente personal por guiarme y alentarme a cada paso a través del desconcertante laberinto de decisiones y compromisos para publicar con éxito este libro; A Joni Sullivan Baker, mi publicista, que a menudo subió al "nido de cuervo" en nuestro "barco" de mercadeo para explorar y asegurar las mejores tácticas para llevar este libro a las manos de posibles lectores; A Bob Irvin, mi editor profesional, que no sólo llevó mi manuscrito a los estándares del actual *Manual de estilo de Chicago*, sino que también tomó cuidados y tiempos adicionales para mejorar mis técnicas de escritura; y a Britni Rickson, gerente de proyectos de Color House Graphics, por sus inestimables ideas para formatos de impresión. Quiero tambien agradecer en especial a Javier Bolaños por traducir este libro al español, y a Rhoda Jeter por editar la versión en español.

Introducción

Mi primer encuentro con la luz como algo más que la iluminación de una linterna fue en nuestra granja en Alaska a los cinco años. Las comodidades modernas de nuestra familia eran solamente dos: linternas de Coleman y una bomba de agua manual.

Sin embargo, el retrete detrás de nuestra casa era la envidia de nuestros vecinos. Mi abuelo lo construyó incluso antes de que nuestra casa estuviera completa. Era un hombre grande y amigable, muy orgulloso de haber viajado por la autopista Alcan desde Phoenix hasta el valle de Matanuska poco después de la Segunda Guerra Mundial para probar nuestra mano para la agricultura. ¡No bastaría con sólo una letrina unisex, para la familia de su hija! Sólo una obra maestra bien diseñada, ergonómicamente ingeniada que proveyera años de servicio sin problemas.

El abuelo construyó las paredes de tableros con bordes de corteza, que fueron los primeros cortes de troncos en el molino. Esta madera mantuvo bajo el costo del proyecto y contribuyó a la apariencia rústica, campestre que él estaba buscando. Un techo de papel alquitrán mejoró su ambiente rural y adaptó el interior de la puerta con un gancho de bronce para mayor privacidad.

A continuación, prodigó su amorosa atención al interior

de la estructura, lijando los lados y la parte superior del trono de abeto con un acabado liso y satinado. Un amplio estante de libros y un dispensador de papel higiénico adornaban cada extremo, junto a los alojamientos para papá oso, mamá osa, y yo.

Como el único zurdo de la familia, mi pequeña abertura estaba situada del lado izquierdo más cerca del frente. Y venía completo con un reposapiés incorporado para que mis piernas no colgaran.

El abuelo terminó el privado antes de que tuviéramos electricidad, así que no tenía ninguna bombilla o calor, inconvenientes menores durante los largos días de verano de Alaska. Pero en los días de invierno, después de que el abuelo volviera a Arizona, la oscuridad y el clima bajo cero limitaban severamente nuestra lectura en las letrinas exteriores.

El frío amargo no obstaculizaba mis caminatas nocturnas al aire libre tanto como la sensación de inquietud que las largas noches creaban en mí. Llevaba una linterna pequeña lo suficientemente poderosa como para iluminar el camino justo delante de mis pies. En la mayoría de ocasiones, la nieve reflejaba la luz de la luna y las estrellas, pero también podía distinguir las sombras de los árboles que rodeaban la casa. ¡No necesitaba mucha imaginación para oír y ver toda clase de criaturas acechando al borde del bosque!

Recuerdo una noche, deslizarme hacia afuera de mi cálida cama en mi abrigo de lana, gorra de punto, mukluks de lona y guantes. Con cielo despejado y sin luna, las estrellas llegaban hasta la nieve fría. Mis sentidos pronto se acostumbraron a la noche y estaba seguro de que podía detectar algo moviéndose a través del bosque en la distancia.

¡Estaba a sólo unos pasos de casa cuando unas grandes huellas frescas de alce me confrontaron! La noche parecía acercarse a mi corazón palpitante mientras reconsideraba mi salida. De seguro la bestia no me atacaría en el retrete, así que proyecté mi temblorosa luz delante de mí y me apresuré a seguir.

Una vez adentro, atendí con tanta fuerza posibles ruidos malignos que apenas noté el resplandor ocasional que se filtraba a través de las grietas en las paredes. Una vez terminado mi negocio, me subí mis pijamas y cautelosamente salí hacia … un asombroso paraíso. De la nada, un espectacular despliegue de auroras boreales encendió el cielo nocturno.

Grandes pliegues de colorido brillo se batían y arqueaban a través del cielo como si bailaran dirigidos por un coreógrafo invisible. Por momentos, los matices se volvían tan intensos que los cristales de escarcha que cubrían los árboles y los diamantes de hielo en la nieve brillaban con ondulantes tonos de verde amarillento, rojo y morado.

Este drama iluminó tanto el paisaje circundante que olvidé encender mi linterna. Se acabó el miedo que las huellas habían provocado antes, y en su lugar vino un llamado a quedarme y participar en la danza.

No sé cuánto tiempo estuve ahí balanceándome con la silenciosa música y maravillándome de su majestad. Eventualmente, regresé a la casa y respondí a la preocupación de mamá por mi larga ausencia.

¡Qué diferencia entre una pequeña linterna y el esplendor de la aurora boreal! Mi fiel posesión era totalmente predecible· Se encendía a mis órdenes y, siempre y cuando cambiara las baterías, evitaba que mi horizonte inmediato me jugara una mala pasada. También se centraba de manera precisa en aquellas cosas que me interesaban, pero su mísero rayo restringía la extensión de mi mundo. Los árboles y las pilas de nieve no cambiaban con la puesta del sol, pero mi percepción de ellos definitivamente lo hacía. Mi vela artificial esbozaba más sombras que realidad y me dejaba luchando con imágenes que no podía percibir.

¡Qué diferencia entre una pequeña linterna y el esplendor de la aurora boreal!

Así como un día hebreo se define como un período de oscuridad seguido por un período de luz, El Antiguo Testamento es visto a veces como una sombra de la verdad revelada en los Evangelios. Estamos tentados a pasar por esta extensa introducción para regocijarnos en el amor y perdón de Dios en Jesucristo.

Como saliendo salir en la noche invernal de Alaska, a menudo he dirigido mi rayo controlado de iluminación espiritual hacia esas primeras páginas, esperando entender mejor al Dios que yo podía ver. Cada vez que seguí mis cuidadosas huellas desde la letanía de la creación hasta Malaquías, me encontré anhelando caminar con Dios como lo hicieron Adán y Moisés. Su luz no fue el brillo solar del Nuevo Testamento, sino una aurora in Excelsis Deo.

Entonces muy inesperadamente, un tipo diferente de picaporte de bronce se liberó y una vieja puerta de madera lentamente crujió abriendose en mi mente. Escuché las palabras, "¿Quién te enseñó que estabas desnudo?" como si hubiera estado allí en esa tumultuosa tarde con nuestros tatara tatara tatara… tatara tatara tatarabuelos.

Se dice que la génesis de toda revelación bíblica tiene sus raíces en el primer libro de la Biblia. Mi propio conocimiento del pecado, la salvación y la fe había sido moldeado en gran medida a través del lente del Nuevo Testamento. De pie en el jardín ese día, por así decirlo, vino una comprensión mucho más profunda de estos críticos elementos básicos.

* * * * *

Te invito a venir conmigo en una misión para profundizar en los acontecimientos a través de los cuales el pecado y la muerte entraron en el mundo (Romanos 5:12). Es mi esperanza que también redescubrirás, como lo hice yo, la gloriosa Luz y Vida disponible para nosotros los que creemos.

En el capítulo uno, visitaremos a nuestros primeros padres en su nuevo alojamiento al este del Edén, y en el capítulo dos, reexaminaremos las circunstancias que los obligaron a abandonar este idílico estilo de vida. En el tercer capítulo, investigaremos cómo las devastadoras consecuencias de sus actos impactaron negativamente tanto a Caín como a Abel y posteriormente nos esclavizaron a todos. El capítulo cuatro explica por qué sentí que era necesaria una reexaminación del Edén.

Luego, en el capítulo cinco, comenzamos el viaje desde la desesperanza de nuestra situación como progenie de Adán hasta la solución redentora de Dios mediante la fe en Jesucristo. Primero examinaremos la fe misma y, en el capítulo seis, cómo la fe nos libera de una vida de pecado y muerte. La fe no es un acto de una sola vez, sino un caminar continuo, como lo destacaremos en el capítulo siete.

En el octavo capítulo, nuestro caminar con Cristo se encontrará con la oposición de nuestro adversario, el diablo. Y, a pesar de todo lo que el mundo puede lanzarnos, el capítulo nueve explica cómo podemos descansar en la obra terminada de Cristo. Finalmente, en el capítulo diez, Jesucristo nos llama a negarnos a nosotros mismos, a tomar su cruz y a seguirle.

Ah, una cosa más, para esta aventura, no necesitarás una linterna!

Uno
Inocentes en el Jardín

Adán se agachó, recogió un guijarro plano y lo arrojó juguetonamente a un penacho de cañas que salía de la orilla del río. El sonido del chapoteo suave fue rápidamente absorbido por la turbulencia del río (que con el tiempo sería llamado el Éufrates), pero aun así capturó su imaginación. Aguas arriba, un águila de mar descendió de un cedro gigante y planeó silenciosamente sobre las aguas poco profundas, con los ojos clavados en una pequeña ondulación. En el último instante, sus garras se extendieron hacia delante y golpearon el agua, arrancando una carpa mangar de la superficie. La cabeza del águila se balanceó momentáneamente mientras colocó su presa en dirección su cola y cubrió el aire con sus majestuosas alas para equilibrar la repentina adquisición. A la vista del águila, un par de patos Eider saltaron del agua y rápidamente desaparecieron en la hierba alta río abajo.

Adentrándose en un banco de arena, Adán trepó a un peñasco, se arrodilló y miró hacia una piscina límpida. El sol mañanero de final de primavera calentó su espalda mientras contemplaba satisfecho su reflejo. ¿Habrán sido sólo unos días, tal vez un poco más?, desde que el Señor lo trajo aquí para presentarlo ante su propia imagen? Al igual que la cara que le miraba de vuelta, esos incidentes brillaban y bailaban en su memoria. Una nube se atravesó frente al sol por un momento, y el resurgimiento del brillo le recordó a Aquél que le había acompañado esa primera mañana.

Su ensueño fue interrumpido por un ligero movimiento en la hierba alta cerca de la orilla del agua. Una oveja emergió para beber, su cola rechoncha golpeteaba nerviosamente mientras bajaba la cabeza. Su hocico apenas tocó el agua cuando una leona salió de la maleza, agarró a la asustada víctima en sus poderosas fauces y la arrastró de vuelta hacia el denso follaje.

Terminó en un momento. Adán se esforzó por escuchar sobre el río por algún forcejeo, pero ahora sólo había silencio. ¿Le habría estado acechando la leona? Él se estremeció al percatarse de que la oveja pudo haber sacrificado su vida por la suya.

Lentamente, Adán volvió a la orilla y examinó la escena del fatal encuentro. Varios mechones de lana, algunas ramas rotas y retorcidas, y una mancha de sangre en la hierba marcaban el horrible sitio. Siguiendo las huellas de la oveja hacia el bosque, esperaba aprender un poco más sobre ella. El chasquido de una frágil rama bajo su pie desencadenó el balido frenético de un cordero aterrorizado que irrumpió desde un matorral cercano de maleza donde había estado ocultándose.

La oveja debió haberlo escondido, pensó Adán mientras corría tras la figura en retirada. La desesperada criatura se lanzó hacia un matorral y se enredó irremediablemente en las zarzas. Agarrándola antes de que se liberase y evitando sus agitados cascos, la alzó sobre sus hombros.

"No te haré daño, pequeño" dijo Adán, tranquilizador, mientras se alejaba del bosque hacia su casa. Podía sentir su corazón palpitante, su rápida respiración, sus esfuerzos revoltosos por escapar. Poco a poco, sin embargo, sus pasos firmes y su voz reconfortante acallaron a su nuevo amigo.

Una vez en casa, él atrincheró al cordero en un rincón dentro de su cueva y construyó un recinto de piedra cerca de donde durmió para verlo durante la noche. Después, Adán mezcló trigo escaña y un puré de almendra en un tazón de jícara, incitó al cordero a amamantar sus dedos, y bajó su mano en la mezcla para beber. A la mañana siguiente, estaba encantado de observar al cordero alzándose sobre una pequeña loma en el refugio. Adam decidió llamarlo Animado.

"No te haré daño, pequeño" dijo Adán, tranquilizador, mientras se alejaba del bosque hacia su casa. Podía sentir su corazón palpitante, su rápida respiración, sus esfuerzos revoltosos por escapar.

Aquella tarde, llevó al cordero de vuelta al río para mostrarle su reflejo, pero Animado no se interesó en lo más mínimo, y Adán se dio cuenta, con tristeza, de que habría muchas cosas que no podía compartir con su pequeño amigo.

* * * * *

Obviamente, esta recreación algo embellecida de los primeros días en la vida de Adán no viene directamente de Génesis 2: 4-15. Al comenzar nuestra búsqueda, mi deseo al presentar algunas viñetas cortas es ayudar a identificarnos mejor con la persona retratada en los versos que son, al menos para mí, tan familiares que resulta difícil ver más allá de las palabras y frases.

Continuemos nuestro viaje.

El Jardín

Durante una tarde particularmente agradable, Adán disfrutaba de las payasadas juguetonas de Animado cerca de su hogar. Las mariposas coloridas revoloteaban en la refrescante brisa etesia entre una alfombra de flores silvestres con su mascota tratando de perseguirlas a todas a la vez, para su deleite. Ocasionalmente, Adán también se unía a la fiesta, lanzándose y saltando y riendo hasta que, completamente sin aliento, se derrumbaba en la cálida y suave tierra. Acostado de espaldas, Adán cerró los ojos y bebió de las embriagantes fragancias a su alrededor. Una ráfaga de viento frío crujió en los cercanos árboles de pistacho cuando, de repente, oyó el sonido del Señor acercándose.

"Ven conmigo," le señaló el Señor, "y te mostraré un lugar maravilloso que he preparado para ti." Aunque su caminata tardó gran parte de la tarde, Adán apenas lo notó, compartiendo sus pensamientos y sentimientos. Luego, cuando llegaron a la cima de una colina y escalaron una roca que afloraba, una increíble vista se extendió ante ellos.

El Señor había creado un paraíso botánico

en un paisaje verde al este de Edén. En el extremo superior del jardín, las magníficas palmeras de dátiles llenaban las orillas de un río serpenteante que fluía hacia el sur en camas de juncos con libélulas escarlatas, mariposas papilio y mariposas tigre, polluelas pintojas, carriceros, garzas, aves espátula, e ibis.

Desde el norte, los vientos etesios, más fuertes en las tardes de verano antes de morir por la noche, barrían ondulantes olas a través de un valle lleno de flores nativas, mostaza, trigo, cebada, lentejas, guisantes, y ajo. Alrededor de esta exuberante abundancia había bosques de almendros, higueras, olivos y pistachos, viñas y arbustos de granadas.

"Tu nuevo hogar es un lugar especial de paz, prosperidad, gozo y esperanza," dijo el Señor. "Tu observaste, mientras viajábamos aquí, que los alrededores son muy diferentes, y tendrás que cuidar de este oasis para que no vuelva a su existencia anterior."

El sol se estaba poniendo cuando terminaron su recorrido cerca del extremo norte del valle y se pararon en medio del jardín. "Mira a tu alrededor y quiero que sepas que eres libre de comer el fruto de todos los árboles, excepto uno. No debes comer el fruto del árbol del conocimiento del bien y del mal ," advirtió el Señor. "Porque en el día en que comas de él, ciertamente morirás." Adán se estremeció ante estas palabras, recordando la muerte espantosa de la madre de Animado.

* * * * *

Dele un vistazo a esta advertencia del Señor. La palabra[1] hebrea para *conocimiento* está representada por conceptos tales como discernimiento, percepción y sabiduría e implica que, si Adán comía esta fruta, sería capaz de captar las implicaciones buenas y malas de las situaciones en las que posteriormente se encontraría. El Señor le daría a Adán la tarea de nombrar las aves y los animales salvajes más tarde ese día. Al hacerlo, Él demuestra que Adán era una persona inteligente y perceptivo. Pero hasta ahora, Adán no tenía la capacidad de comprender las ramificaciones personales del conocimiento del bien y del mal.

El término hebreo para *el bien* tiene muchos sinónimos como agradable, placentero, grato, delicioso, dulce, sabroso, animado, puro, limpio, feliz, alegre, gozoso, próspero y vigoroso. Los sinónimos para *el mal* son miseria, angustia, daño, adversidad, perjuicio, calamidad e incorrecto. Incluir estas dos palabras en la advertencia de Dios a Adán indica que él debe haber tenido una comprensión intelectual de esta dicotomía *antes* de comer el fruto del árbol. Por lo tanto, el conocimiento que obtendría más tarde sería más vivencial en naturaleza, afectándolo personalmente.

Pero hasta ahora, Adán no tenía la capacidad de comprender las ramificaciones personales del conocimiento del bien y del mal.

El concepto de un día como duración del tiempo se define en Génesis 1: 5.

> Llamó a la luz "día," y a las tinieblas llamó "noche." Y fue la tarde y la mañana del primer día.

Un día está limitado por dos eventos: la tarde y la mañana. Un nuevo día comienza con el siguiente ciclo de tarde y mañana. El mismo texto también define *al día* como su porción diurna. Esta definición más restrictiva definitivamente no se aplica a Génesis 2:17. Es decir, el Señor no estaba restringiendo a Adán de comer esta fruta sólo durante el día.

Sin embargo, *día* no puede ser interpretado para expresar que Adán moriría algún día. Su designación claramente significa que la muerte vendría el mismo día en que participara de la fruta.

En cuanto a las palabras "ciertamente morirás," el idioma original dice: "Al morir, deberás morir." La repetición de palabras en hebreo es una manera de enfatizar un punto. En este caso, Dios utilizó una enfática estructura de oraciones para comunicar la naturaleza crítica de Su advertencia. La importancia de la *muerte* será objeto de un escrutinio más detenido en el próximo capítulo.

Una Ayuda Idónea para Adán

El Señor reconoció, por sus discusiones camino al jardín, que Adán estaba solo; y Animado no era capaz de proporcionar el tipo de amistad que necesitaba. Sabiendo que ningún otro animal satisfaría su necesidad de compañía, Dios hizo desfilar una auténtica colección de animales ante Adán para que pudiera llegar a esta importante conclusión. Uno por uno, Adán nombró a cada ave y bestia salvaje, y cualquier apodo que él eligiera, ese era su nombre. Esas designaciones no eran simplemente "antílope," "oso," "camello," "pato". . . O "cebra." Él era capaz de comprender las cualidades interiores de cada criatura y cómo esa bestia se relacionaba con él. Al final de cada encuentro, su respuesta a Dios era probablemente la misma: "Todavía estoy aislado de compañía, de un alma gemela con la que pueda compartir todo."

Así, el Señor hizo que Adán cayera en un sueño

profundo. Con un anestésico natural, Dios quitó una costilla de su costado y realizó la primera cirugía reconstructiva del mundo: moldeó la costilla en la forma de una mujer.

Cuando Adán se despertó en esta antigua forma de post-operatorio, se hallaba ante él la "criatura" más maravillosa que jamás había visto.

"¡Eureka!" gritó. Mirándola como había hecho con todos los demás animales, exclamó: "¡Ésta sí que es hueso de mis huesos y carne de mi carne! ¡Una ayuda idónea para mí con quien puedo compartir todo! Esta maravillosa belleza será llamada *mujer*, porque fue sacada del hombre, y es todo lo que soy.

* * * * *

En este punto, el autor del Génesis escribe dos versos de comentario.

> Por tanto, dejará el hombre a su padre y a su madre, se unirá a su mujer y serán una sola carne. Estaban ambos desnudos, Adán y su mujer, pero no se avergonzaban (Génesis 2:24, 25).

El primer verso establece una comparación entre la mujer construida a partir de la costilla de Adán y la relación que más tarde disfrutarían como marido y mujer. Se convertirían en una sola carne, una medida del nivel de compañerismo e intimidad disponible para todas las parejas casadas que seguirían. El segundo versículo se asegura de que el lector entienda que tanto Adán como su compañera estaban desnudos y *no* se avergonzaban. La desnudez se refiere solamente a su carencia física de ropa. Más tarde, tendrá un significado mucho más amplio.

Planes de Dios para los Recién Casados

El Señor llevó a estos dos recién casados a otra excursión, esta vez compartiendo con ellos un plan más amplio. "Fructificad y multiplicaos. A medida que tu descendencia aumente, este jardín no proveerá sustento suficiente para todos. Por lo tanto, yo les estoy concediendo todas las plantas que llevan semillas y el fruto de todos los árboles del mundo como alimento.

"Inicialmente, cuidarán y mantendrán este santuario. Los alrededores son muy diferentes de la tranquilidad aquí. Así que les estoy concediendo autoridad para *someter* la tierra, para ampliar los límites de esta propiedad a medida que tu su familia crece.

Cuando traje a las criaturas para que las nombraras, descubriste que ninguna de ellos era tu igual. Ahora, les doy a ambos dominio sobre ellos para extender la paz del jardín a sus relaciones formas de interactuar también. A ellos, doy cada planta verde para su alimento, mientras ustedes llenan la tierra y la someten:

> Morará el lobo con el cordero, y el leopardo con el cabrito se acostará; el becerro, el león y la bestia doméstica andarán juntos, y un niño los pastoreará. La vaca pacerá junto a la osa, sus crías se recostarán juntas; y el león, como el buey, comerá paja. El niño de pecho jugará sobre la cueva de la cobra; el recién destetado extenderá su mano sobre la caverna de la víbora. No harán mal ni dañarán en todo mi santo monte, porque la tierra será llena del conocimiento de Jehová, como las aguas cubren el mar."

(Isaías recibiría más tarde estas palabras del Señor y las escribiría en el capítulo 11, versículos 6-9).

El último verso de Génesis capítulo 1 dice:

> Y vio Dios todo cuanto había hecho, y era bueno en gran manera. Y fue la tarde y la mañana del sexto día.

La palabra traducida como *bueno* (*bien*) es la misma mencionada anteriormente. Pero el adverbio *en gran manera* se queda corto para relatar la intención del lenguaje original. Con el fin de enfatizar lo bueno de todo lo que Dios había hecho, el narrador seleccionó un modificador que significa "excesivamente" o "abundantemente," un superlativo mucho mayor de lo que el adverbio "en gran manera" implicaría. Esta expresión refleja una clase de bondad exagerada e indica que el Señor de ninguna manera consideró su desnudez como una deficiencia o una fuente de vergüenza. Adán y su esposa eran dos muy inteligentes, perceptivas y extremadamente *buenas* joyas de la corona de Su creación.

* * * * *

Encontramos a la pareja moviéndose de una región del jardín a otra, cosechando todo tipo de granos, hortalizas de raíz, frutas y nueces. A pesar de que era un trabajo exigente, todas las tardes eran bendecidas con brisas frescas y un enriquecedor compañerismo indicado por el sonido del Señor caminando hacia ellos.

A principios de ese verano, aprendieron a recolectar hojas de palma datilera y los tallos de la orilla pantanosa del río y cómo secarlos en el sol caliente. Poco después, dividieron las hojas y los tallos en tiras flexibles y tejieron el material resultante en esteras, cestas y cuerdas. Ahora, durante la cosecha, la pareja usó esos implementos para ayudarse a trillar, recolectar y almacenar los alimentos que necesitarían el resto del año.

Pasaron los últimos días recolectando cestas de cabezas de trigo escaña y apilándolas en grandes esteras. Una mañana en particular, Adán se ocupó en frotar el trigo en sus manos para separar el grano de la paja, y luego amontonar todo sobre una estera diferente para aventarla luego en la tarde.

Mientras tanto, su esposa viajó hacia el extremo norte del jardín para recoger las almendras que habían caído de los árboles en la semana anterior.

Preguntas de Estudio para Discusión

- ¿Porqué Dios le dio a Adán y a Eva "toda planta que da semilla, que está sobre toda la tierra, así como todo árbol en que hay fruto y da semilla" cuando el Jardín producía tan gran cantidad de alimentos? (Génesis 1:29)
- Dios les dijo "fructificad y multiplicaos; llenad la tierra" (Génesis 1:28). ¿El jardín sería en última instancia sólo una zona de estadía localizada para "labrar y cuidar" (Génesis 2:15) o un remoto lugar de vacaciones o puede haber sido parte de un plan más grande para ellos?
- ¿Por qué Dios los encargó de *someter* la tierra y "ejercer potestad sobre los peces del mar, las aves de los cielos y todas las bestias que se mueven sobre la tierra?" (Génesis 1:28)?
- Dios dio a todas las otras criaturas de la tierra cada planta verde como alimento (Génesis 1:30). ¿Ves alguna asociación con Isaías 11: 6-9?
- ¿Por qué Dios trajo a todas las bestias del campo y a todas las aves de los cielos para que Adán las nombrara? ¿Hay más en el nombramiento que una simple designación taxonómica? Véase Éxodo 3:13, 14; Isaías 62: 2; Apocalipsis 2:17, 3:12.

- ¿Qué indicaba Adán cuando nombró a su esposa "*mujer*" (Génesis 2:23)?
- Puesto que Adán era inteligente y lo suficientemente perspicaz para nombrar a todas estas criaturas y a su ayuda idónea, ¿cuál crees que fue su comprensión inicial, como una persona verdaderamente inocente, de la advertencia de Dios de no comer el fruto del árbol del conocimiento del bien y del mal (Génesis 2:17)?
- Según Génesis 2:17, ¿cuándo moriría Adán si comía el fruto del árbol del conocimiento del bien y del mal?

Dos
Desnudos en el Jardín
La Serpiente

La astuta serpiente esperaba un momento semejante: la mujer estaba sola en medio del jardín, y la llamó mientras ella pasaba junto al árbol del conocimiento del bien y del mal.

"¿Dijo el Señor que no podías comer de ningún árbol del huerto?," preguntó la serpiente en voz baja.

"No es así," respondió la esposa de Adán. "Podemos consumir el fruto de todos los árboles, excepto uno." Señalando al árbol del conocimiento del bien y del mal, ella declaró: "Dios sólo nos ha prohibido ingerir este fruto. De hecho, nos ha prohibido, no sea que muramos."

La serpiente sonrió tranquilizadora y respondió: "No, querida, no morirás. El Señor sabe que cuando pruebes este fruto, tus ojos se abrirán y serás como él, conociendo el bien y el mal "

Estos comentarios tenían una cierta validez para ellos, porque ella se dio cuenta de que no había nada aprensivo en el fruto. De hecho, parecía excepcionalmente atractivo para ella, y ciertamente no parecía venenoso. Puesto que ella no había estado allí cuando el Señor le dio a Adán esta advertencia, *tal vez él no entendió las instrucciones*, razonó. Después de todo, el árbol ocupaba un lugar prominente justo al lado del árbol de la vida. *Tal vez, este conocimiento haría que uno fuera sabio*, pensó.

Con ánimos persistentes de la serpiente, ella se adelantó cautelosamente y arrancó una de las frutas que colgaban.

Ya. . . Ella había hecho lo impensable. Agachada con los hombros encorvados, contuvo el aliento por lo que pareció una eternidad y cerró los ojos, temiendo lo que inevitablemente ocurriría a continuación. Pero en lugar de un dolor recorriéndole el brazo como ella esperaba, enviándola al suelo retorciéndose en angustia, la fruta sólo se quedó allí en su mano, exquisita como siempre.

Lentamente se enderezó y reevaluó su condición. ¡Nada de lo que había temido le estaba pasando! Tal vez la serpiente tenía razón. Finalmente, con más tranquilidad, mordió la fruta. Un suculento jugo le corrió por las mejillas y el cuello, y por un momento, el puro disfrute de este nuevo y delicioso deleite superó sus sentidos. Pero cuando tragó, volvió a prepararse para un imaginado episodio de tormento.

Ya. . . Ella había hecho lo impensable. Agachada con los hombros encorvados, contuvo el aliento por lo que pareció una eternidad y cerró los ojos, temiendo lo que inevitablemente ocurriría a continuación.

Sin embargo, no sucedió *nada. . .* nada. *¡La serpiente tenía razón después de todo!* pensó. *¡Adán debió haber malinterpretado lo que se le había dicho! El árbol debe haber sido plantado en aquel lugar prominente para que lo disfrutáramos para que fuéramos más como el Señor que amamos.* Rápidamente recogió varias muestras especialmente maduras, las colocó en su cesto y se apresuró a decirle a su esposo lo que había descubierto. La serpiente la siguió, deleitándose en el momento.

Adán alzó la vista al sonido de la voz emocionada de su esposa, feliz de volver a verla, pero sorprendido de que hubiera regresado tan pronto. Cuando ella se acercó, ella alcanzó dentro de su cesta, tomó un fruto maduro y lo sostuvo ansiosamente para que él viera. Él pensó reconocer esta fruta, pero ciertamente su evaluación inicial no debió ser correcta.

"¡Nunca adivinarás lo que descubrí!" gritó. "Este delicioso fruto proviene del árbol del conocimiento del bien y del mal. . . "

Adán miró a su esposa con los ojos muy abiertos, apenas escuchando el resto de su mensaje. ¿La había oído bien cuando describió el espécimen en su mano como "delicioso?"

"¿Me escuchaste?," dijo ella, respondiendo a la mirada de shock en la cara de su esposo. Adán se había incorporado, de un salto, y ella ahora estaba de pie frente a él. Señalando a una figura que se acercaba, ella continuó. "La serpiente me ayudó a comprender que debes haber malinterpretado la advertencia de Dios. Al principio, estaba bastante reacia a acercarme al árbol. Pero finalmente, lo alcancé y arranqué una de sus frutas. Y, como no me pasó ninguna de las cosas espantosas que imaginé, con vacilación tomé un bocado. ¡No sólo resultó ser el deleite más delicioso en el jardín, sino que absolutamente nada perjudicial me sucedió, nada, como puedes ver! "

La cabeza de Adán daba vueltas con toda esta

información. La orden contra tocar el fruto había sido idea suya, sólo un breve codicilo para asegurarse de que su esposa no se acercara al árbol y sin querer, cosechara su fruto por error. Y para darle más peso, él había indicado que la advertencia venía del Señor. Después de todo, ella era el amor de su vida y sólo quería protegerla.[1]

No le ayudaría mucho, pensó, *informarle que la directriz adicional era su idea*, palabras que ahora deseaba poder recuperar porque la falta de consecuencias la había animado a ir más lejos. No sólo había tocado el fruto, sino que había consumido uno y le estaba pidiendo que hiciera lo mismo.

"Adán," dijo ella cálidamente, "sé que en verdad crees que Dios te ha advertido de la manera más grave que se pueda imaginar que no comas ni toques esta fruta, cosa que señalabas cada vez que entrábamos al centro del jardín. Tu severa advertencia fue una de las razones por las que también evité el árbol de la vida, porque los dos árboles están muy juntos. Nunca probamos el fruto de ese árbol tampoco, y estoy seguro de que el Señor quiere que lo disfrutemos, o, de lo contrario, Él habría dicho algo.

No le ayudaría mucho, *pensó,* informarle que la orden adicional era su idea, *algo que ahora deseaba poder recuperar porque la falta de consecuencias la había animado a ir más lejos.*

"La serpiente me convenció de que, en lugar de morir, nuestros ojos serían abiertos, haciéndonos como dioses que conocen el bien y el mal. No morí cuando lo tuve en la mano, mucho menos cuando lo comí. ¿Probablemente Dios lo plantó como un recurso conveniente para hacernos sabios para que podamos ser más como el Señor que amamos?"

Tenía razón, pensó Adán. Durante todo el tiempo que su esposa hablaba, Adán había estado escudriñando su comportamiento y su apariencia física y nada había cambiado de su actitud habitual. ¿Cómo podría ser esto? . . . A menos que hubiera algo veraz en el consejo de la serpiente. En un momento impulsivo, decidió confiar en el análisis de su esposa: extendiendo la mano, tomó el fruto de su mano, cerró los ojos y empezó a comer.

Al principio, Adán pensó que ella debía estar en lo correcto. ¡El sabor apetitoso era indescriptible! Pero cuando él abrió lentamente sus ojos para encontrarse con los de ella, cada uno de ellos luchó con una nueva y sorprendente sensación. De repente, se sintieron incomodos y desnudos uno frente al otro. Pero más angustioso aun, sentían *vergüenza* de su desnudez.

Después de unos momentos incómodos intentando sin éxito adoptar una postura que aliviara su recién descubierto predicamento, la pareja se retiró precipitadamente a la relativa oscuridad de su hogar en una cueva en el borde occidental del jardín. De camino, se detuvieron brevemente para recoger brazadas de grandes hojas de higuera. Cuando llegaron a su destino, una erupción de la savia de las hojas[2] cubrió sus brazos y torsos superiores.

Sin detenerse por la picazón casi constante, cada uno seleccionó una cantidad de cuerda de vástago y varias tiras de palma de un área de almacenaje que tenían en su hogar cueva. Luego, usando la cuerda como cinturón y las tiras como hilo, cosieron las hojas de higo al cinturón para hacer taparrabos. La nueva ropa temporalmente alivió su inseguridad y pronto volvieron a aventar el trigo que Adán había trillado aquella mañana.

¿Qué es la Desnudez?

La familiaridad con este texto antiguo puede impedir que hagamos una pregunta obvia: ¿Qué es la desnudez? ¿Es simplemente el estado de estar sin ropa? Génesis claramente indica que, en el comienzo de su relación, Adán y su esposa estaban desnudos y *no se avergonzaban* de su desnudez.

Cuando sus ojos fueron abiertos, sus acciones comunican que se dieron cuenta de los méritos de sus diferencias individuales, siendo la más evidente las características que los distinguían como hombre y mujer. Mientras esas diferencias estaban allí todo el tiempo, ahora comparan su propia singularidad con las de la otra persona a la luz de su recién adquirida comprensión. Al hacer esta evaluación, cada uno debe haber concluido que sus propias diferencias no eran tan *buenas* como las de su cónyuge.

Clave en esta nueva evaluación fueron los cambios percibidos en las expresiones faciales y el tono de voz exhibidos por su pareja. El semblante del esposo y el tenor vocal ahora se interpretaban falsamente como disgusto y desaprobación, aunque la conducta de la otra persona era ostensiblemente generada por *su* nuevo sentido de deficiencia. Desafortunadamente, las devastadoras repercusiones de estas evaluaciones subjetivas crearon sentimientos de vergüenza y una creciente convicción de que su desnudez ya no era *aceptable* para la otra persona.

Puede parecer extraño que esta crisis ocurrió sólo después de que Adán consumió el fruto. ¿Por qué esta nueva comprensión no fue evidente para su esposa antes? Considera las situaciones que provocan la conciencia de una persona de su propia desnudez.

¿Cuántas veces te has desnudado en la intimidad de tu propia habitación preparándote para tomarte un baño o ir a dormir, y la única otra criatura en la habitación era tu gato o tu perro? Lo más probable es que no te sintieras desnudo en su presencia porque no proyectabas en tu mascota capacidad alguna para juzgarte. Instintivamente sabías que te aceptaba incondicionalmente, vestido o no. Si eres un padre, estas circunstancias también podrían extenderse a desvestirte delante de tu hijo pequeño.

> *Puede parecer extraño que esta crisis ocurrió sólo después de que Adán consumió el fruto. ¿Por qué esta nueva comprensión no fue evidente para su esposa antes?*

Por otro lado, ¿alguna vez has soñado que te encontrabas en compañía de otras personas como Dios te trajo al mundo? Lo más probable es que te sintieras avergonzado por la posibilidad de ser captado en público en éste incómodo predicamento. Probablemente estarías aprensivo porque *tu percepción de su lenguaje corporal te habría convencido* de que la gente en tu sueño observó tu desnudez y se formó opiniones desfavorables de ti.

Cuando la esposa de Adán se le acercó, no percibió

cambios críticos en su conducta. Su saludo y expresiones faciales de aceptación no desencadenaron ningún sentido de rechazo porque él era todavía inocente. No fue hasta que Adán y su esposa tuvieron ambos el conocimiento del bien y del mal que comenzaron a comparar sus diferencias individuales.

Adán, ¿Dónde Estás?

La pareja había acabado de aventar el trigo cuando oyeron el sonido del Señor caminando hacia ellos. Esta vez, sin embargo, en lugar de salir corriendo a su encuentro, se aterrorizaron y rápidamente se escabulleron en un bosque de pistachos cercano para ocultarse de Su presencia.

Cuando el Señor llegó hasta las cestas de trigo, gritó: "Adán, ¿dónde estás?"

Después de unos momentos agonizantes, Adán apareció tímidamente, rascándose nerviosamente, con la cabeza inclinada. Su esposa lo siguió tímidamente.

"Escuché el s-s-sonido tuyo caminando en el jardín y estaba a-a-a-atemorizado porque estaba de-de-desnudo. . . Y me escondí," balbuceó casi incontrolable.

"¿Quién te enseñó que estabas desnudo? ¿Has comido del árbol de que yo te mandé no comieses?"

preguntó el Señor.

"La mujer que me diste por compañera me dio del árbol, y yo comí," espetó Adán, a la defensiva.

Volviéndose a la mujer, Dios preguntó, "¿Qué es lo que has hecho?"

"La serpiente me engañó," replicó ella, mirando fijamente a su marido, y a la serpiente que ahora intentaba retirarse.

* * * * *

Este intercambio nos revela varias ideas clave sobre la calamitosa transformación que aferra a la pareja. Aquí está el primer enunciado del mundo de la palabra *temor*. La respuesta de Adán indica que no temía que pudiera ser castigado por su desobediencia. Tenía miedo porque *se sentía desnudo*.

Desafortunadamente, sus nuevos delantales de hoja de higo no pudieron aliviar para nada su aprensión. Hasta ahora, esas prendas habían sido suficientes para ocultar su vergüenza al comparar sus diferencias personales. Ahora, con los *ojos abiertos*, hicieron una comparación mental similar entre ellos y el Señor. Esta vez, se sintieron abrumados por la convicción de que su propia singularidad no podía estar a la altura de las cualidades de Aquel que vino a visitarlos. ¡Dios también poseía aquel conocimiento, y sin duda Él debía estar disgustado con su desnudez!

Aquí está el primer enunciado del mundo de la palabra temor. La respuesta de Adán indica que no temía que pudiera ser castigado por su desobediencia. Tenía miedo porque se sentía desnudo.

Pero el Señor no desaprobó. Estos dos eran el logro supremo de Su creación. Empezando la pregunta con "Quién te enseñó. . . " alentó a Adán a darse cuenta de que *no* era el Señor quien lo estaba juzgando. De hecho, la propia comprensión de Adán de su relación había precipitado *su* temerosa reacción, y la única manera en que su debilitante sentido de desnudez y vergüenza pudo haber ocurrido fue ingiriendo el fruto prohibido.

Aunque Adán admitió que comió el fruto, él afirmó que actuó porque la mujer que Dios le dio le había instado a hacerlo. Al acusar a su esposa, y también al echar parte de la culpa a Dios, reveló lo amenazado e inseguro que estaba y cuánto había cambiado su opinión sobre las intenciones del Señor. A los ojos de Adán, las intenciones de Dios ya no eran las de una persona en quien se podía confiar, que lo amaba y buscaba restaurar su imagen de sí mismo.

La esposa de Adán debió sentirse traicionada por la incriminación punzante de su marido. El Señor sabía que el intento de Adán de evitar que ella tocara el fruto, involuntariamente la había preparado para ser engañada por la serpiente. Por lo tanto, su pregunta para ella no podría haber sido una acusación tampoco. Tristemente, la comprensión de ella a Su pregunta también fue filtrada, coloreada por su percepción de la verdadera motivación de Dios.

> *La esposa de Adán debió sentirse traicionada por la incriminación punzante de su marido.*

Dos Observaciones

La pregunta del Señor a Adán: "¿*Quién* te enseñó que estabas desnudo?" le pidió que identificara a la persona, *él mismo*, que era fuente de su sentido de desnudez. Su pregunta a la esposa de Adán, "¿*Qué* es lo que has hecho?" se centró en *el hecho* de comer la fruta.

El Día que de él Comas

Una barrera de desconfianza estaba ahora firmemente establecida, separando a Adán de su esposa y a ambos de Aquel que quería redimir esta situación. Cuando la mujer trató de sacudirse la culpa, Dios se dirigió a la serpiente.

> El Señor Dios dijo a la serpiente, "Por cuanto esto hiciste, maldita serás entre todas las bestias y entre todos los animales del campo; sobre tu pecho andarás, y polvo comerás todos los días de tu vida" (Génesis 3:14).

La serpiente era más que un reptil común y corriente dedicada a saquear huevos y pichones de los nidos de aves desprotegidas. Ésta quería robarle su inocencia a Adán y a su esposa. La serpiente era obviamente un instrumento de Satanás, el adversario revelado en los dos primeros capítulos del libro de Job.

Dios no hizo ninguna pregunta y no hubo ningún intento de reconciliación o redención. Su pronunciamiento tenía la intención de construir un muro de enemistad entre la mujer y la serpiente para que nunca más pudiera ser usada como vehículo de engaño. En lugar de corresponder desde una instancia más erguida como cuando engañó a la esposa de Adán, ahora sería sentenciada a vivir en el suelo. Ya no podría comunicarse desde una posición de pie, forzando a su víctima desprevenida a alzar la vista cuando fuera abordada. La serpiente adoptaría en lo sucesivo la postura más baja posible.

La última sentencia a la serpiente se dirige tanto a la serpiente como a quien permitió hablar a la serpiente.[3]

> Y pondré enemistad entre ti y la mujer, y entre tu simiente y la simiente suya; ésta te herirá en la cabeza, y tú le herirás en el calcañar (Génesis 3:15)

El primer pronombre en la segunda parte de esta oración puede traducirse como "él," "ella," "ello" o "ellos," dependiendo del contexto. Dado que el marco de referencia no está claro, esta palabra puede ser interpretada como "él" para referirse a un descendiente varón[4] en particular o como "ellos" para representar a la progenie de la mujer de una manera más genérica. Así, la última frase también se puede traducir: "ellos te herirán la cabeza y tú les herirás en el calcañar."[5]

La traducción de la Versión Reina-Valera 1995 (RVR1995) se centra en la victoria final entre uno de los descendientes de la mujer y la serpiente. Tal vez la pareja pensó que Caín cumpliría este papel como lo indica la forma en que lo nombraron al nacer.

Después, el Señor habló a Adán y a su esposa.

> A la mujer dijo: "Multiplicaré en gran manera los dolores en tus preñeces; con dolor darás a luz los hijos; y tu deseo será para tu marido, y él se enseñoreará de ti."
>
> Y al hombre dijo: Por cuanto obedeciste a la voz de tu mujer, y comiste del árbol de que te mandé diciendo: No comerás de él; maldita será la tierra por tu causa; con dolor comerás de ella todos los días de tu vida. Espinos y cardos te producirá, y comerás plantas del campo. Con el sudor de tu rostro comerás el pan hasta que vuelvas a la tierra, porque de ella fuiste tomado; pues polvo eres, y al polvo volverás (Génesis 3:16-19).

Como las palabras de Dios para ellos siguieron a Su condena de la serpiente, uno podría suponer que Él también los estaba castigando. Después de todo, la segunda porción del último versículo parece cumplir Su advertencia de que Adán moriría: "pues polvo eres, y al polvo volverás." Esta declaración describe la muerte física de una persona.

Sin embargo, esta declaración no puede referirse a las consecuencias de desobedecer la orden del Señor porque esa advertencia declaraba enfáticamente: "en el día que comáis de ella, ciertamente moriréis." El pronunciamiento de Dios a Adán ya su esposa sólo indicaba que "volverían a la tierra" en alguna fecha futura.

Entonces, ¿en qué clase de muerte incurrieron ese día? En vez de ver la muerte como el cese de la vida, podría considerarse más apropiadamente como separación o alienación. En ese sentido, *la muerte física* tiene lugar cuando nuestro espíritu se separa de nuestro cuerpo y nuestro cuerpo "vuelve a la tierra."

La *muerte relacional* ocurre cuando las inseguridades y el autodesprecio provocados por un sentido interior de desnudez alienan a los participantes el uno del otro al reemplazar la confianza, la compasión, el amor incondicional y la aceptación con la sospecha y con una autoestima destrozada.

La *muerte espiritual* ocurre cuando estamos separados del Señor. Adán y su esposa realmente experimentaron una muerte relacional y espiritual ese fatídico día, y esto los alienó al uno del otro y del Señor.

Aunque la muerte física puede ser interpretada como castigo, hay otra explicación plausible. Un versículo de Génesis capítulo 6 arroja luz sobre cómo se debe ver la muerte física en este segmento.

> Y dijo Jehová: No contenderá mi espíritu con el hombre para siempre, porque ciertamente

él es carne; mas serán sus días ciento veinte años (Génesis 6:3).

Aunque la muerte física puede ser interpretada como castigo, hay otra explicación plausible.

Contender puede ser traducido como "luchar con." Sus orígenes se definen por frases tales como "mover en círculo," "ir alrededor," y "rodear." Según Gálatas 5:22, 23 el fruto del Espíritu es amor, gozo, paz, paciencia, benignidad, bondad, fe, mansedumbre, templanza rasgos de carácter que ayudan a contrarrestar los patrones destructivos de la muerte relacional.

Dado que el Espíritu de Dios permaneció dentro y rodeó a la progenie de Adán, contendiendo y luchando con ellos para posponer su muerte por cientos de años, es improbable que la muerte física se deba entender como castigo. De manera más realista, es la consecuencia de varios factores,[6] entre los cuales se destacan las tensiones devastadoras que ocasionan los diversos aspectos de la muerte relacional.

Tampoco debería considerarse punitivo el resto de los mandamientos de Dios. Tan miserable y a veces amenazante para la vida como puede ser el parto, así puede crear un fuerte sentido de logro y vínculo con el niño, reforzando la autoestima de la madre con el conocimiento de que su sufrimiento trajo a una persona preciosa al mundo. El parto puede también atraer a su marido hacia ella en aprecio de lo que ella ha padecido al llevar a sus hijos.

Deseo también puede traducirse como "anhelo." Fue algo bueno que el Señor aumentara el afecto natural de la mujer por su marido que, momentos antes, la había acusado de causar su transgresión. Y debido a expectativas divergentes, falta de comunicación, y sensibilidades diferentes, este episodio no sería la única vez que tendrían propósitos opuestos entre sí. Al aumentar la devoción de Eva hacia Adán, Dios le permitió perdonarlo y restaurar un grado de intimidad que de otra manera no hubiera sido factible.

Enseñorear no significa que Adán pudiera obligar a su esposa a cumplir sus órdenes. Su dominio estaba destinado a proveer un paraguas amoroso de protección, seguridad y santidad,[7] como se ejemplifica en el siguiente pasaje del Nuevo Testamento.

> Las casadas estén sujetas a sus propios maridos, como al Señor; porque el marido es cabeza de la mujer, así como Cristo es cabeza de la iglesia, la cual es su cuerpo, y él es su Salvador. Así que, como la iglesia está sujeta a Cristo, así también las casadas lo estén a sus maridos en todo. Maridos, amad a vuestras mujeres, así como Cristo amó a la iglesia, y se entregó a sí mismo por ella, para santificarla, habiéndola purificado en el lavamiento del agua por la palabra, a fin de presentársela a sí mismo, una iglesia gloriosa, que no tuviese mancha ni arruga ni cosa semejante, sino que fuese santa y sin mancha. Así también los maridos deben amar a sus mujeres como a sus mismos cuerpos. El que ama a su mujer, a sí mismo se ama (Efesios 5:22–28, *énfasis mío*).

¿Y por qué era importante proveer al cónyuge de Adán de este tipo de seguridad? En términos generales, las mujeres parecen ser más sensibles desde el punto de vista relacional que los hombres,[8] tanto a nivel interpersonal como espiritual. Cuando la serpiente decidió revelarse a la mujer de Adán, esperó a que estuviera sola y contó con su afán de ser más como Aquel que llegaba a compartir con ellos cada tarde. Al hacerlo, la serpiente se aprovechó de la sensibilidad relacional de ella para engañarla y hacer que comiera el fruto prohibido.

El Señor le dijo a la pareja de Adán que su marido la gobernaría, dándole una forma de retrasar el comprometerse en cualquier acción hasta que ambos estuvieran de acuerdo en que esa decisión fuera bendecida por Dios. De esta manera, su sensibilidad sería una ventaja poderosa para su relación, mejorando su habilidad como equipo.

> *Cuando la serpiente decidió revelarse a la mujer de Adán, esperó a que estuviera sola y contó con su afán de ser más como Aquel que llegaba a compartir con ellos cada tarde.*

La amonestación de Dios a Adán puede parecer punitiva, particularmente ya que el Señor comenzó recordándole su transgresión. Pero una vez más, estas palabras son *redentoras*. Así como la maternidad podría reforzar la autoestima de su esposa, también los constantes desafíos de trabajar en los campos podrían dar a Adán un verdadero sentido de realización.

Hasta ese día, el jardín entregaba sus frutos con pocos o ningún impedimento, dejando a la pareja con un amplio tiempo libre para disfrutar del Señor y del uno al otro y saborear su espectacular entorno. Pero ahora, esa abundancia de tiempo libre les daría más ocasión de rumiar sobre sus diferencias individuales, agravando sus sentimientos de insuficiencia.

En lugar de una cosecha abundante, la tierra ahora se ahogaría con espinas y cardos, dejando fuera las plantas que serían la fuente de su comida diaria. Luchar con estos problemas ocuparía las horas de vigilia de Adán, a veces dejándolo agotado y desalentado pues sus trabajos rendirían muy poco en comparación con el esfuerzo realizado.

Pero estas circunstancias difíciles también pondrían a prueba su ingenio y creatividad, revitalizando su autoestima a medida que superaba cada prueba para cuidar y sostener a su familia. Sus logros también podrían fortalecer su matrimonio, reforzando el orgullo sano de su esposa en su capacidad de apoyar sus necesidades en aumento.

Lamentablemente, la pareja tendría que trasladarse de su oasis de paz, prosperidad, alegría y esperanza hacia los alrededores donde las espinas y los cardos eran comunes. Su misión original de ampliar los límites del jardín era ahora un recuerdo decepcionante que se desvanecía. Pero en lugar de achacarle más culpas a su esposa, Adán le dio un nuevo nombre.

> Y llamó Adán el nombre de su mujer, Eva, por cuanto ella era madre de todos los vivientes. (Génesis 3:20).

El nombre *Eva* en hebreo se asemeja a la palabra que se usa para *viviente.* Él había nombrado a su mascota Animado para denotar su espíritu juguetón. Y ahora, en lugar de mirar atrás hacia toda la agitación del día, Adam miró hacia adelante, viendo a su esposa con nueva admiración y respeto. Él amorosamente la llamó Eva porque ella sería la madre de todos sus descendientes.

Ropa Mejor

Entonces Dios les dio mejores ropas para cubrir su desnudez.

> Y Jehová Dios hizo para el hombre y su mujer túnicas de pieles, y los vistió (Génesis 3:21).

Lógicamente, la pareja era bastante renuente a dejar su hogar. Así que cuando se demoraron, Dios los expulsó por su propio bien.

El objetivo de redimir a la creación ahora incluiría a Adán, Eva y su descendencia y sería llevado a cabo por otro Adán.[9]

Y las vestiduras hechas para ellos por el Señor de las pieles de animales también serían reemplazadas en el futuro cuando Dios vestiría a todos los creyentes en Su justicia a través del sacrificio final de Su Hijo.

Preguntas de Estudio para Discusión

- ¿Era la astuta serpiente un instrumento de Satanás o Satanás mismo haciéndose pasar por serpiente?
  - ¿Cómo encaja Génesis 3:14 con tu decisión?
- ¿De dónde crees que la esposa de Adán sacó la frase "ni lo tocaréis" (Génesis 3:3)?
- Ella notó que "el árbol era bueno para comer, agradable a los ojos y deseable para alcanzar la sabiduría" (Génesis 3:6). ¿Cómo se interpreta este versículo a la luz del hecho de que ella era una persona verdaderamente inocente y todavía no estaba "en el mundo" (1 Juan 2: 16, 17)?
  - Ya que ella fue engañada por la serpiente, ¿cómo interpretas su deseo de comer la fruta para hacerse sabia (Génesis 3:13; 1 Timoteo 2:14)?
- ¿Tienen alguna importancia las palabras *Quién* y *Qué* en las dos preguntas de Dios a Adán y a su esposa en Génesis 3:11-13?
- ¿Cuál es tu definición de *desnudez*?
  - Cuando te has sentido desnudo, ¿fue porque eras culpable?
  - ¿Por qué Adán y su mujer se vistieron tan pronto como sus ojos se abrieron si su desnudez era una respuesta de su culpabilidad (Génesis 3:7)?

- ¿Por qué los ojos de la esposa de Adán no se abrieron tan pronto como ella comió la fruta (Génesis 3:6)?
    - Puesto que sus ojos no se abrieron hasta que ambos comieron el fruto, ¿dice eso algo acerca de cómo *percibieron* su desnudez?
- ¿Hay alguna otra explicación que no sea la culpa del por qué Adán y su esposa huyeron y se escondieron del Señor cuando oyeron el sonido de Dios caminando en el jardín (Génesis 3:8)?
- ¿Por qué el autor del Génesis dejaría al lector suponer la *verdadera razón* del temor de Adán si la verdadera razón era la culpa por haber desobedecido la advertencia de Dios?
    - Dios habría sabido si Adán estaba ocultando su verdadera razón. Entonces, ¿por qué el Señor no le preguntó: "¿Qué es esto que has hecho?" En lugar de preguntar "¿Quién te dijo que estabas desnudo?"
- ¿Hay alguna explicación que no sea la condenación y el juicio para los pronunciamientos de Dios en Génesis 3: 16-19?
- Si ellos murieron "en el día que comieron el fruto" (Génesis 2:17), ¿qué clase de muerte murieron?
    - ¿Hay diferentes *tipos* de muerte?

Tres
Pecado: Acechando a la Puerta

Según el apóstol Pablo, el pecado vino al mundo a través de Adán y por el pecado, la muerte (Romanos 5: 12-14). Podríamos estar tentados a concluir que el *acto* de transgredir el mandamiento de Dios fue el único factor que contribuyó a que Adán y Eva se convirtieran en "pecadores." Si esta definición fuera exacta, si el significado raíz del pecado está asociado con el *acto* de transgresión de Adán, entonces es razonable asumir que el Señor habría usado el término cuando dirigió a la pareja en Génesis capítulo 3.

Caín y Abel

Sin embargo, Dios no empleó esta palabra hasta el *capítulo 4* en Su advertencia a Caín. Aquí está el texto que contiene el primer uso de la palabra pecado.

> Conoció Adán a su mujer Eva, la cual concibió y dio a luz a Caín, y dijo: Por voluntad de Jehová he adquirido varón. Después dio a luz a su hermano Abel. Y Abel fue pastor de ovejas, y Caín fue labrador de la tierra. Y aconteció andando el tiempo, que Caín trajo del fruto de la tierra una ofrenda a Jehová. Y Abel trajo también de los primogénitos de sus ovejas, de lo más gordo de ellas. Y miró Jehová con agrado a Abel y a su ofrenda; pero no miró con agrado a Caín y a la ofrenda suya. Y se ensañó Caín en gran manera, y decayó su semblante. Entonces Jehová dijo a Caín: ¿Por qué te has ensañado, y por qué

> ha decaído tu semblante? Si bien hicieres, ¿no serás enaltecido? y si no hicieres bien, el pecado está a la puerta; con todo esto, a ti será su deseo, y tú te enseñorearás de él. Y dijo Caín a su hermano Abel: Salgamos al campo. Y aconteció que estando ellos en el campo, Caín se levantó contra su hermano Abel, y lo mató. (Génesis 4:1–8).

¿Por qué estaba Caín tan enojado con su hermano que lo mató, incluso después de recibir esta advertencia del Señor? Aunque nunca sabremos con certeza, hay pistas sobre su conducta. Primero, no hubo ningún reconocimiento especial en ocasión del nacimiento de Abel, sólo que él era el hermano de Caín y se convirtió en pastor. Esta falta de elogio familiar podría indicar que Caín disfrutó de una estación más favorecida en la familia.

En segundo lugar, el Señor reemplazó los taparrabos con prendas hechas de piel, lo que implicaba que animales habían sido sacrificados. Esta acción puede significar que Dios estableció un ritual expiatorio por la transgresión inicial de la pareja, así como para futuras ofrendas de expiación.[1]

¿Por qué estaba Caín tan enojado con su hermano que lo mató incluso después de recibir esta advertencia del Señor? Aunque nunca sabremos con certeza, hay pistas sobre su conducta.

Tercero, el lugar de Abel en la familia como guardián de ovejas, junto con la frase "de los primogénitos de sus ovejas, de lo más gordo de ellas," significa que corderos fueron utilizados en estos ritos y sugiere que se necesitaba un suministro para este propósito.

* * * * *

Como hijo primogénito, Caín siguió los pasos de su padre, trabajando lado a lado cultivando las plantas que necesitaban y combatiendo la ocupación de espinas y cardos.

Esto era un trabajo agotador[2] visto por Caín como mucho más exigente y esencial para el bienestar de la familia que la responsabilidad de Abel, incluso cuando un sacrificio ocasional proveía carne y ropa. Como hermano mayor, se había turnado con su padre a cuidar el rebaño hasta que Abel llegara a la edad para trabajar. Desde la perspectiva de Caín, la vida de pastor implicaba largos períodos de poco más que ver a sus ovejas pastar y dormir, muy lejos del sudor y la fatiga que él y su padre encontraban al trabajar en los campos.

A medida que el rebaño de Abel se expandía, pasaba muchas horas, aún días, fuera de casa, buscando buenas pasturas y moviendo continuamente a las ovejas para permitir que la hierba se recuperara del pastoreo. Estos períodos de separación añadieron a su nivel de incomprensión y desconfianza ya que las crecientes exigencias de su trabajo daban a cada uno menos tiempo para apreciar las contribuciones del otro.

El único estatus familiar que Abel podía reclamar era que el primogénito de sus ovejas era la ofrenda instituida por Dios. Para que Caín pudiera participar, necesitaba un cordero del rebaño de Abel.

Caín se convenció de que el Señor seguramente aceptaría una ofrenda de sus propias labores en lugar de un sacrificio animal. Después de todo, cualquier ofrenda hecha por sus padres mientras estaban en el jardín había sido cultivada por ellos. Esta alternativa fue objeto de muchas discusiones acaloradas entre los hermanos, y su relación se volvió tan contenciosa y rencorosa que Caín ya no podía verse a sí mismo pidiéndole un cordero a su hermano.

El día que los dos hijos trajeron sus ofrendas al Señor, Abel protestó vigorosamente. Pero Caín se había convencido de que *su manera también era correcta*, que su hermano sólo se oponía a una invasión de su territorio, y procedió con su ofrenda.

"Miró" significa literalmente que Dios veía

con favor a Abel y su ofrenda, pero expresaba la reacción opuesta a su hermano. Caín estaba lívido. No sólo se justificaba la opinión de su hermano, sino que se sentía humillado delante de todos y su rabia era evidente en su rostro.

Con su orgullo y estima en harapos, sabía que ya no podía vivir en la misma familia con su odiado hermano. Buscó la primera oportunidad para vengar su degradación pública.

> "Miró" *significa literalmente que Dios veía con favor a Abel y su ofrenda, pero expresaba la reacción opuesta a su hermano. Caín estaba lívido.*

* * * * *

Esta dramatización es sólo un intento por explicar el conflicto entre estos dos hermanos; es simple conjetura de lo que pudo haber sucedido. Lo que sí está claro es que se produjo un colapso catastrófico en esa relación de hermanos, una ruptura tan evidente que terminó con el asesinato de Abel a manos de su hermano.

Un Contexto para el "Pecado"

Los elementos de esta dramatización no son esenciales

para nuestra comprensión del pecado. Lo que es importante: el *contexto de cómo* el pecado entró por primera vez en el vocabulario bíblico. Hay un fuerte paralelismo en el texto original entre esta advertencia y el pronunciamiento del Señor hacia la esposa de Adán:

Génesis 3:16	Génesis 4:7
Será para tu marido	Y hacia ti
tu deseo será	será su deseo
y él	y tú
él se enseñoreará de ti.	te enseñorearás de él.

"Tu deseo será" fue dicho para *mejorar* su relación con Adán. Más tarde, Dios empleó esta misma estructura de palabras para definir el rol que desempeñó el pecado en la vida de Caín. En lugar de funcionar como un asunto influyente, *el pecado fue retratado como un poderoso adversario acechando a la puerta*, uno que deseaba dominar a Caín si él fallaba en dominarlo.

Al describir el pecado de esta manera, Dios no estaba asociando al pecado con un acto desobediente, a pesar de que la ofrenda de Caín violó los términos compartidos anteriormente. Más bien, el Señor se enfocó en su ira y su semblante decaído y la necesidad crítica de conquistar sus sentimientos. El pecado no fue un acto errante que "acechaba a la puerta," sino *la percepción de Caín de su relación con su hermano* que lo llevaría a hacer algo mucho peor si no "se enseñoreaba de él." Y la fuente de esta actitud emanó del conocimiento del bien y del mal heredado de su padre, Adán.

> *El pecado no fue un acto errante que "acechaba a la puerta," sino* la percepción de Caín de su relación con su hermano *que lo llevaría a hacer algo mucho peor si no "se enseñoreaba de él."*

El Pecado como Adversario

En Romanos 7: 14-25, el apóstol Pablo también presentó al pecado como un formidable adversario, frustrando su propia inclinación a hacer lo correcto.

> Porque sabemos que la ley es espiritual; mas yo soy carnal, vendido al pecado. Porque lo que hago, no lo entiendo; pues no hago lo que quiero, sino lo que aborrezco, eso hago. Y si lo que no quiero, esto hago, apruebo que la ley es buena. De manera que ya no soy yo quien hace aquello, sino el pecado que mora en mí. Y yo sé que en mí, esto es, en mi carne, no mora el bien; porque el querer el bien está en mí, pero no el hacerlo. Porque no hago el bien que quiero, sino el mal que no quiero, eso hago. Y si hago lo que no quiero, ya no lo hago yo, sino el pecado que mora en mí. Así que, queriendo yo hacer el bien, hallo esta ley: que el mal está en mí. Porque según el hombre interior, me deleito en la ley de Dios; pero veo otra ley en mis miembros, que se rebela contra la ley de mi mente, y que me lleva cautivo a la ley del pecado que está en mis miembros. !!Miserable de mí! ¿quién me librará de este cuerpo de muerte? Gracias doy a Dios, por Jesucristo Señor nuestro. Así que, yo mismo con la mente sirvo a la ley de Dios, mas con la carne a la ley del pecado (*énfasis mío).*

Pablo identificó a este adversario como otra ley en sus miembros que libraban guerra contra la ley de su mente, haciéndolo cautivo a la ley del pecado. "*Ley*" no se limita a los estatutos bíblicos. El apóstol lo utiliza en un sentido más genérico como la encarnación de una norma o conducta.

Tampoco Pablo está hablando de sus días pre-cristianos. Este "miserable de mí" ¡es el apóstol escogido por Dios a los gentiles lamentando su condición actual! Él no está agonizando por uno o más actos de desobediencia, sino por una conducta continua que es *incapaz de superar*.

Este estilo de vida rivalizado no es otro que el conocimiento del bien y del mal que Pablo y el resto de nosotros heredamos de Adán. Es una dimensión de nuestro intelecto y es tan innata, tan instintiva, tan intuitiva, tan penetrante forma de responder a nuestras circunstancias cotidianas, que es prácticamente imposible de evitar.

Nuestra propensión a confiar en este entendimiento moldea nuestra conducta y, una vez establecida, esa tendencia puede ser difícil, si no imposible, de cambiar aun cuando ya no queramos vivir de esa manera.

Le da forma a nuestra perspectiva, actuando como un filtro para nuestras percepciones, relaciones y experiencias. Es una voz interna que constantemente reitera acontecimientos de nuestro pasado o ensaya encuentros futuros para que rara vez existamos en el presente.

Pablo llama a ese antagonista su *carne,* su naturaleza caída[3] que lo obliga a servir a la ley del pecado.

Varios versículos bíblicos se enfocan en nuestra proclividad natural para creer que el camino que elegimos es correcto y bueno.

> Fíate de Jehová de todo tu corazón, Y no te apoyes en tu propia prudencia. Reconócelo en todos tus caminos, Y él enderezará tus veredas. No seas sabio en tu propia opinión; Teme a Jehová, y apártate del mal (Proverbios 3:5-7, *énfasis mío*).
>
> Todos nosotros nos descarriamos como ovejas, cada cual se apartó por su camino; mas Jehová cargó en él el pecado de todos nosotros (Isaías 53:6, *énfasis mío*).
>
> Hay camino que al hombre le parece derecho; Pero su fin es camino de muerte (Proverbios 14:12 y 16:25).

La Fuente de Nuestras Transgresiones

Esta mentalidad es la fuente de nuestras transgresiones y es tan insidiosa, que podemos pasar por alto su impacto o incluso su existencia y concentrarnos en remediar los hábitos no deseados. Al reducir al pecado a una simple lista de ofensas, podemos convencernos de que nos estamos convirtiendo en mejores personas porque estamos cometiendo menos "pecados" que antes.

Esta actitud desvía nuestro enfoque de las devastadoras consecuencias del pecado, la convicción interna que no alcanzamos. Necesitamos escuchar al Señor preguntarnos: "¿Quién te dijo que debes ser más delgado, más joven, más sano, más guapo, más atlético, más inteligente, uno que habla con más confianza, que tiene un mejor sentido del humor, que tiene menos granos, que tiene un hogar más grande en un vecindario más exclusivo, que tiene un trabajo más importante con un pago más grande, un coche más nuevo, más rápido o más elegante, ropa más elegante, amigos más influyentes o más tiempo para dedicarse a las cosas que quiere hacer?"

Podemos "vestirnos" de ornamentos de riqueza, educación, de una posición notable, o incluso de piedad religiosa, en un intento de persuadirnos de que ya no nos sentimos vulnerables.

O, podemos lidiar con la gravedad de nuestra situación y reconocer con Pablo "la otra ley" en nuestros miembros que hacen guerra contra nosotros y nos mantienen cautivos a la ley del pecado. Esta admisión no es sólo un evento de una sola vez, sino un reconocimiento continuo y permanente de *nuestra incapacidad total para liberarnos* de nuestro sentido de desnudez.

Preguntas de Estudio para Discusión

- ¿Por qué Dios esperó hasta Génesis capítulo 4 para usar la palabra *pecado*?
    - ¿Deberíamos prestar atención al contexto de la manera en que una palabra se usa por primera vez en la Biblia?
    - ¿Cuál es el contexto de la palabra *pecado* en Génesis 4: 3-7?
- ¿Por qué Pablo no dijo: "Porque así como en Adán *y Eva* todos mueren, también en Cristo todos serán vivificados" (1 Corintios 15:22)?
    - En Romanos 7: 14-25, Pablo dice que tenía el deseo de hacer lo que era correcto, pero no la habilidad de llevarlo a cabo porque estaba cautivo de la ley del pecado que habitaba en sus miembros. ¿Qué significa su uso de la palabra *ley*?
    - ¿Estaba Pablo hablando como incrédulo o como apóstol de Dios para los gentiles cuando escribió: "!!Miserable de mí! ¿quién me librará de este cuerpo de muerte?" (Romanos 7:24)?
    - Pablo también dice que con su *carne* servía a la ley del pecado (Romanos 7:25). ¿Cómo se asocian estos términos al conocimiento del bien

y del mal que tanto él como el resto de nosotros heredamos de Adán?

- ¿Se refiere la ley del pecado a una lista de actos pecaminosos o a un modo de vida que genera específicos actos de pecado?
- ¿La ley del pecado y de la muerte (Romanos 8: 2) se relaciona con Proverbios 14:12 y 16:25?
- Qué motivó al joven rico a preguntarle a Jesús: " Maestro bueno, ¿qué bien haré para tener la vida eterna?" (Mateo 19:16)?
    - Jesús respondió: "¿Por qué me llamas bueno? Nadie es bueno sino uno: Dios." ¿Por qué Jesús se centró en la palabra *bueno* (Mateo 19:17)?
- ¿Por qué reducir el pecado a una lista de ofensas limita nuestra habilidad para lidiar con la ley del pecado?

Cuatro
¿Por qué Reexaminar el Edén?

Tal vez cuando lees el subtítulo de este libro, *Una Refrescante Reexaminación del Jardín del Edén*, lo ves como una frase ingeniosa diseñada para atraer a la gente a comprar el producto. Tal vez nunca hayas estudiado ningún comentario[1] sobre el Génesis y no ves nada "refrescante" en los tres primeros capítulos. Pero si investigamos el Génesis, esta presentación está en marcado contraste con varios comentarios[1] bíblicos que describen el tercer capítulo de Génesis como una letanía de rebelión y juicio. Aquí hay áreas críticas de opiniones contrastantes.

Tocar o No Tocar

La esposa de Adán respondió a la primera pregunta de la serpiente, agregando una frase adicional a la amonestación original de Dios.

> "Y la mujer respondió a la serpiente: Del fruto de los árboles del huerto podemos comer; pero del fruto del árbol que está en medio del huerto dijo Dios: No comeréis de él, <u>ni le tocaréis</u>, para que no muráis" (Génesis 3:2, 3, *énfasis mío*).

Algunos ven en este addendum un creciente resentimiento ante la restricción impuesta sobre ella y su esposo, la idea de que: *¡Ni siquiera podemos tocar la fruta de* *este árbol!*

Sería un reto sacar un espécimen del árbol y consumirlo sin sujetarlo. ¿Por qué el Señor le advertiría a Adán que no comiera el fruto, pero luego, en otra conversación, agregaría a ese decreto prohibiendo a la pareja incluso tocarlo? Ya que el tocar también incurriría en la muerte, ¿por qué no hacer de ese hecho el foco de Su mandato inicial? Que Él no mencionara manipular el fruto en Génesis 2:16, 17 levanta serias dudas que Dios lo hubiera añadido más tarde.

En segundo lugar, la advertencia del Señor comenzó con las palabras: "Ciertamente puedes comer de todos los árboles del jardín." El jardín ofrecía una abundancia de frutas, nueces, semillas y vegetales. El mandamiento de Dios incluía *sólo un árbol*, razón apenas suficiente para rebelarse contra su autoridad.

Las personas que experimentan un encuentro cercano con el Señor relatan lo amoroso, bondadoso y cariñoso que es.

* * * * *

Testimonio Personal

Mientras estaba en la universidad, mucho antes de casarnos, mi esposa Miriam vivió una semana especialmente difícil. Exhausta, se retiró a su dormitorio para acostarse varios minutos antes de ir a cenar a la cafetería de la escuela. Muchos estudiantes todavía estaban en clase y como era diciembre en Alaska, su cuarto estaba oscuro.

Sólo se había adormecido un momento cuando una luz cálida, tranquilizadora y resplandeciente la rodeó. Su único pensamiento: *estoy descansando en los brazos eternos*. Se sentía completamente en paz en el amoroso abrazo de su Padre celestial y no quería irse.

Muy pronto, sin embargo, se despertó en la habitación oscura y palmeó su almohada, tratando de volver a ese momento. Su encuentro sólo duró unos minutos, pero se sentía descansada como si hubiera dormido una noche entera.

* * * * *

Puesto que Dios nunca cambia, podemos suponer que Adán y su esposa disfrutaron de una relación similar con Él. Parece mucho más obvio que la sanción de no tocar el fruto vino de Adán en un intento de proteger a su esposa, en lugar de que la advertencia viniera de Dios.

> *Parece mucho más obvio que la sanción de no tocar el fruto vino de Adán en un intento de proteger a su esposa, en lugar de que la advertencia viniera de Dios.*

Ella Analizó el Fruto

> Entonces la serpiente dijo a la mujer: No moriréis; sino que sabe Dios que el día que comáis de él, serán abiertos vuestros ojos, y seréis como Dios, sabiendo el bien y el mal. Y vio la mujer que el árbol era bueno para comer, y que era agradable a los ojos, y árbol codiciable para alcanzar la sabiduría; y tomó de su fruto, y comió; y dio también a su marido, el cual comió,[2] así como ella (Génesis 3:4–6, *énfasis mío*).

Algunos ven en las palabras subrayadas un paralelo con 1 Juan 2:16.

> Porque todo lo que hay en el mundo, los deseos de la carne, los deseos de los ojos, y la vanagloria de la vida, no proviene del Padre, sino del mundo.

Observe la primera frase: "Todo lo que hay en el mundo." La esposa de Adán era inocente y no todavía "en el mundo." Su naturaleza inocente la hacía totalmente incapaz de tener deseos de la *carne* y el *orgullo* de la vida. En cambio, ella empleó su intelecto perceptivo dado por Dios para analizar el fruto antes de ingerirlo, el mismo tipo de análisis que Adán había usado antes para nombrar a todos los animales.

Ciertos comentaristas dicen que la tentación de ser como Dios, de obtener el conocimiento del bien y del mal por derecho propio, la llenaron de tal deseo que ella comió el fruto. Sin embargo, cuando fue confrontada por el Señor, ella dijo que la serpiente la había engañado.

No hay ninguna duda en que ella quería ser más como

Dios. Si tu educas bien a tus hijos, no hay mayor elogio que puedan darte que decir: "Cuando crezca, quiero ser como tú." Tal deseo por parte de ellos no es rebelión; es todo lo contrario. Adán y su esposa no eran diferentes. Ellos también querían ser más como su amoroso Padre celestial.

Él Estaba Asustado porque...

Cuando Dios le preguntó a Adán: "¿Dónde estás?," Adán respondió:

> "Oí tu voz en el huerto, y tuve miedo, porque estaba desnudo; y me escondí" (Génesis 3:10).

Algunos comentarios bíblicos dicen que Adán respondió con una media verdad evasiva. Su desnudez, así como su miedo, resultaron de su rebelión y del conocimiento de su estado pecaminoso. La realidad, según estos comentarios: Adán tenía miedo a causa de su desobediencia.

Hay varias razones para cuestionar esta interpretación. El autor de Génesis repitió varias veces el concepto de desnudez desde 2:25 hasta 3:11. Se ocupó de informar al lector sobre la desnudez de la pareja *carente de vergüenza* antes de comer el fruto. Luego, como consecuencia inmediata de aquella acción, se abrieron sus ojos, se dieron cuenta que estaban desnudos y, entonces, estuvieron tan avergonzados que cosieron hojas de higuera como delantales para ocultar su desnudez. Finalmente, la respuesta de Adán a la primera pregunta del Señor, así como su siguiente pregunta se centró en la desnudez. ¿Por qué hacer tanto esfuerzo y dejar que el lector de alguna forma trate de averiguar la "razón real" del temor de Adán?

No hay duda de que la desobediencia de Adán pudo crear culpa e incluso vergüenza. Pero ¿cómo pudo también generar el sentido de desnudez? Como se compartió anteriormente, muchos de nosotros hemos tenido sueños donde nos encontramos en público como Dios nos trajo al mundo. Tal vergüenza no es provocada por la desobediencia.

Adán y su esposa estaban desnudos antes de este incidente. Lo que abrió sus ojos fue su *recién adquirido* conocimiento del bien y del mal. Cualquier emoción de culpa o vergüenza por haber quebrantado el mandamiento de Dios estaría más asociada a su relación con el Señor que con su compromiso mutuo. Por tanto, el hecho de que inicialmente se vistieron para cubrir su desnudez indica que la desobediencia probablemente no era el asunto oculto en la respuesta de Adán.

> *Adán y su esposa estaban desnudos antes de este incidente. Lo que abrió sus ojos fue su* recién adquirido *conocimiento del bien y del mal.*

También parece extraño que el Señor no se percatara de la dizque media verdad evasiva de Adán, y dirigiera Su pregunta a la raíz de los temores de Adán (1 Samuel 16: 7). Si Adán estaba escondiendo la verdadera razón de su temor, su desobediencia del mandato de Dios, entonces una pregunta más apropiada podría haber sido: "¿Qué es lo que has hecho?" Esa pregunta se habría centrado en su *acto* de desobediencia. En cambio, el Señor le preguntó: "¿Quién te enseñó que estabas desnudo?" para ayudarlo a darse cuenta de que *su propia* perspectiva de su relación con Dios había precipitado su temerosa reacción, una habilidad que consiguió con su recién adquirido conocimiento del bien y el mal.

¿Por qué el Árbol?

Pregunta: Si Dios no quería que Adán comiera el fruto del árbol del conocimiento del bien y del mal, y si comerlo tenía consecuencias tan nefastas, ¿por qué lo plantó en el jardín y junto al árbol de la vida?

Respuesta: Adán tenía que vivir por fe para agradar al Señor, como todos los creyentes (Hebreos 11: 5, 6).[3] Pablo dice que tres cosas permanecen para siempre: fe, esperanza y amor (1 Corintios 13:12, 13).

Por lo tanto, incluso después de que Jesucristo regrese y todos los creyentes posean cuerpos glorificados, todavía viviremos por fe.

Tenía que haber una encrucijada en el idílico paisaje del Edén, una que probaría la creencia de Adán de que el camino de Dios era mejor para él. Cuando su mujer le trajo fruta del árbol pidiéndole que comiera, él pudo haber dicho: "Tienes razón. Mi memoria de la advertencia del Señor puede no ser exacta. Sin embargo, esperemos hasta esta tarde cuando Él venga a visitarnos y preguntémosle si la versión de la serpiente es correcta."

Adán decidió creer el relato de su esposa sobre las declaraciones de la serpiente en lugar de confiar en su propio recuerdo de la advertencia de Dios. Sin embargo, sus acciones no implican rebelión contra el mandato del Señor. Recuerde que, en ese momento, Adán y su esposa eran las dos personas más inocentes que el mundo ha conocido. Hablar de rebelión sugeriría que ellos ya estaban resistiendo la autoridad del Señor de alguna manera y escogieron este evento para manifestar su insurrección. No hay ninguna indicación en el segundo ni el tercer capítulo de Génesis, de que su relación con el Señor se había agriado hasta el punto de precipitar un acto abierto de rebeldía.

Adán decidió creer el relato de su esposa sobre las declaraciones de la serpiente en lugar de confiar en su propio recuerdo de la advertencia de Dios. Sin embargo, sus acciones no implican rebelión contra el mandato del Señor.

Lo que está claro: Adán tomó una decisión basado en esta prueba de su fe. Nuestra fe siempre es probada (Génesis 22: 1-19, Santiago 1: 2-4, 1 Pedro 1: 6, 7). Su elección nos hizo a todos esclavos del pecado. Pero también reveló la enorme magnitud de la gracia de Dios al redimirnos a través de la fe.

Por qué la Reexaminación es Importante

Si lo único que heredamos de Adán fue la capacidad de comprender la disparidad entre el bien y el mal, entonces una definición lógica de pecado sería la selección del mal sobre el bien, reduciéndolo a una lista de fechorías. El pecado no entró a la literatura bíblica en Génesis capítulo 3, donde podría haber estado asociado con la transgresión de Adán. El capítulo 4 relacionó al pecado con los sentimientos de ira de Caín hacia su hermano y lo describió como un adversario "acechando a la puerta."

Pablo dijo que este oponente, su *carne*, residía en sus miembros, subyugándolo a la ley del pecado y la muerte. Por lo tanto, es crítico reconocer al pecado tanto como un antagonista "acechando a la puerta," (el conocimiento del bien y del mal que heredamos de Adán), así como los actos erróneos que emanan de esa fuente. Requerirá un reconocimiento más profundo si queremos encontrar la liberación total. Y esa libertad vendrá solamente por medio de la fe en el evangelio de Jesucristo.

Preguntas de Estudio para Discusión

- ¿Por qué es improbable que el Señor añadiera la frase "ni le tocaréis" en una comunicación posterior con Adán y su esposa?
    - Adán o su compañera deben haber agregado esa restricción. Si ella era la fuente:
        - Ella podría haber estado expresando su creciente resentimiento con la restricción de Dios de no comer el fruto de aquel único árbol. A la luz de la abundancia que el jardín les ofrecía y la relación que tenían con Dios, ¿era esta una motivación probable? o,
        - ella añadió la frase para recordarse a si misma que evitara el contacto con el árbol. ¿Es esa razón tan probable como una motivación por parte de Adán de agregar las palabras para evitar que ingiriera accidentalmente del fruto?
    - ¿Hay otra opción que explicaría su comportamiento aparte de un creciente resentimiento por la restricción de Dios de no comer el fruto de aquel único árbol?
- Antes de que ella comiera del fruto y obtuviera el conocimiento del bien y del mal, ¿pudo la mujer de

Adán haber exhibido "los deseos de la carne" (1 Juan 2:15, 16)?

- ¿Podía haber otra motivación para querer "ser como Dios" (Génesis 3: 5)?
    - Explique su motivación a la luz del hecho de que la serpiente la engañó.
    - ¿Podría esta motivación ser parte de la razón por la que Adán estaba dispuesto a comer del fruto?
- ¿Hay alguna diferencia entre desobediencia y rebelión aun cuando la transgresión desobediente de Adán trajo muerte a todos sus descendientes?
- ¿Por qué plantó Dios el árbol del conocimiento del bien y del mal en el huerto?
- ¿Por qué es importante entender el pecado como algo más que una lista de nuestras fechorías?

Cinco
La Relación Basada en la Fe

> Se acercaron entonces los discípulos a Jesús y le preguntaron aparte: —¿Por qué nosotros no pudimos echarlo fuera? Jesús les dijo: —Por vuestra poca fe. De cierto os digo que si tenéis fe como un grano de mostaza, diréis a este monte: "Pásate de aquí allá," y se pasará; y nada os será imposible. (Mateo 17:19, 20).

¿Alguna vez te has quedado perplejo con este pasaje? Cuando sus discípulos le preguntaron a Jesús por qué no podían sanar al niño, Él comenzó diciendo que su fe era muy pequeña. Pero al momento siguiente, Jesús les aseguró que, si tenían fe no más grande que una semilla de mostaza, nada sería demasiado difícil para ellos, incluso ordenar con éxito a una montaña que se moviera. Al parecer la fe de los discípulos no sólo era pequeña, debía haber sido más pequeña que una semilla de mostaza.

Si esta interpretación es correcta, entonces la fe puede ser vista como un activo espiritual cuantitativo. Cuanta más fe tengamos, más probable es experimentar que Dios trabaje en nuestras vidas. Es una suposición común. Tal vez usted también ha concluido que no tenía suficiente fe porque el Señor no respondió a sus oraciones. Los apóstoles probablemente tenían una comprensión similar.

> Dijeron los apóstoles al Señor: —Auméntanos la fe. Entonces el Señor dijo: —Si tuvierais fe

> como un grano de mostaza, podríais decir a este sicómoro: "Desarráigate y plántate en el mar," y os obedecería (Lucas 17: 5-6).

Ellos fueron testigos de constantes maravillas milagrosas mientras acompañaban a Jesús, y comparados con Su fe, la suya parecía insuficiente. Pero esta vez, Cristo no indicó que su fe necesitaba aumentar. Él dijo que incluso la menor cantidad de fe arrancaría un árbol de mora y lo plantaría en el mar.

¿Qué es "Poca Fe?"

Afortunadamente, hay una definición de *poca fe* que puede solucionar el rompecabezas que se abordó al principio de este capítulo. Durante el Sermón del Monte, Jesús acuñó una palabra para describir el tipo de fe asociada a la concurrencia. Este término sólo se encuentra en Mateo y Lucas y no en ninguna literatura extra-bíblica. Es una recopilación de "poca" y "fe."[1] Ya que no hay otras referencias para esta palabra que Jesús inventó fuera de estos textos del Nuevo Testamento, es importante analizar el contexto en el que primero se usa para entender mejor su significado.

Su sermón comienza con las Bienaventuranzas que adornan nuestras paredes de la escuela dominical con frases conocidas. Al verlos, podemos fácilmente olvidar que formaron la porción inicial del primer discurso importante de Cristo a una inmensa concurrencia proveniente de todo Israel, atraída en gran medida por Su ministerio de sanidad.

Cada persona tenía una historia y una razón para estar allí. Esperaban que Jesús estableciera una clínica médica en el lugar. En su lugar, eligió enfocarse en el reino de Dios y el lugar de ellos en él.

No vamos a exponer sobre el sermón como un todo. Como alternativa, veremos el segmento en el que Cristo creó el término "poca-fe" a través de los ojos de un hombre en la multitud al que llamaremos Jared.

Esperaban que Jesús estableciera una clínica médica en el lugar. En su lugar, eligió enfocarse en el reino de Dios y el lugar de ellos en él.

* * * * *

Jared vivía en Capernaúm y provenía de una familia de carpinteros, o más exactamente, de constructores de viviendas que construían la mayoría de los hogares con cimientos de piedra y paredes de ladrillo de arcilla o piedra. Sólo las vigas eran de madera, ya que la madera era escasa en Israel, especialmente en Galilea. Las paredes estaban repelladas por dentro y por fuera y una escalera en el exterior daba acceso a la azotea. Durante los calurosos meses de verano, las familias comúnmente dormían en el techo al fresco aire libre.

Jared y sus dos hermanos menores, Caleb y Hiram, aprendieron con su padre. Había tanto que aprender: cómo cuadrar, picotear, esbozar, cortar y colocar piedras; Construir paredes de ladrillo de arcilla y repellarlas para repeler la lluvia; Cortar y posicionar las vigas, y luego cubrirlas con broza más pequeña y capas de arcilla. Finalmente, compactaban el ensamblado del techo con un pesado rodillo de piedra, tarea que se repetía después de cada estación lluviosa.[2]

Ya que era el mayor, la casa de Jared incluía a su madre viuda Dina, su esposa Raquel, dos hijos Obed y Jonatán, y su hija Miriam. Él era también el más experto sobre su oficio y actuaba como el capataz en su lugar de trabajo.

Eso fue hasta hace unas semanas, cuando Jared se lastimó la espalda levantando una viga. Al principio, le restó importancia y siguió trabajando. Sin embargo, por la noche, el intenso dolor le impidió subir las escaleras para dormir en el techo.

Los médicos no fueron de mucha ayuda. Le recetaron cama y pensaron que podría volver a trabajar en unos meses. Desafortunadamente, el comienzo del verano marcó la temporada de construcción antes de que comenzaran las lluvias invernales. Los tres hermanos formaron un equipo increíblemente competitivo para nuevos trabajos. Ahora su espalda restringía severamente la capacidad de Jared para ayudar.

Las noches eran lo peor. Secuestrado en el interior de su casa, estaba caliente y sudoroso, y por más vueltas que diera en su cama no hallaba una posición cómoda por mucho tiempo.

Luego estaban las moscas molestas que aterrizaban en su rostro, sin importar cuántas veces tratara de espantarlas. Le irritaban, especialmente cuando se acercaban a sus oídos y boca. Y el sueño lo eludía en gran parte porque no podía evitar el pensar lo que sucedería si su espalda no sanaba por completo.

Lamentablemente, su padre también se lesionó la espalda, y la familia sufrió mucho por ello. Jared era todavía joven e inexperto cuando sucedió. El dolor redujo la mayoría de la educación del aprendiz a tareas alrededor de su casa. Así pasaron años antes de que Jared y sus hermanos restablecieran el negocio de su padre.

Lo cierto es que estaba un poco celoso de sus

hermanos sanos a pesar de que estaban haciendo todo lo posible para ayudar a su familia. Y como aprendices crudos, Obed y Jonatán ofrecían poco más que trabajo básico para ayudar a llenar el vacío.

Su rabino vino a la casa varias veces para animarlos a todos. *Si Dios respondiera a sus oraciones y restaurara su espalda*, razonó Jared, *podría volver a trabajar a tiempo para salvar la temporada*. Los clientes de Jared conocían sus habilidades y sabían que podría construir cualquier nuevo hogar antes de que volvieran las lluvias de invierno.

Jared trató de ir a su lugar de trabajo para supervisar, pero el viaje exacerbó su dolor de espalda. Por lo tanto, como alternativa, los hermanos se reunían todas las noches después de la cena para planificar las tareas del día siguiente.

Una mañana antes del amanecer, Caleb irrumpió en la casa de Jared. "Josué[3] está aquí en Capernaum de nuevo y estará en el Monte Eremos[4] más tarde hoy," dijo, completamente sin aliento. "Acaba de regresar de una gira por toda Galilea y enormes multitudes lo están siguiendo porque ha estado curando las enfermedades y aflicciones."

"Sabes que no puedo viajar tan lejos," replicó

Jared." Montar en nuestra carreta a principios de la semana pasada me agravó tanto la espalda que me sentí miserable durante días."

"Mira hermano," contestó Caleb, respondiendo al tono displicente de Jared. "Josué también es un carpintero. Él conoce los peligros de nuestra profesión y puede notar especialmente tu condición. Al menos vale hacer el esfuerzo."

"¿Por qué tanta conmoción?" preguntó Raquel al entrar en la habitación y unirse a Caleb, instando a su marido a ir. "Tal vez Josué es una respuesta a nuestras oraciones."

"Bien, lo intentaré, si prometen ir despacio" dijo Jared, aunque obviamente con reticencia.

La carreta chocaba y crujía por el polvoriento camino de tierra y luego a través de un prado mientras se acercaban a una muchedumbre gigantesca. "¿Empezó Josué a curar a la gente ya?" Preguntó Jonatán mientras se empujaban hacia el frente de la multitud. Alguien sacudió la cabeza y señaló a una figura que se alejaba de ellos al lado del Monte Eremos con unos cuantos hombres que lo seguían.

"Ese debe ser Josué con sus discípulos," dijo

otra persona.

Josué se volvió y miró a la multitud, y luego se sentó y comenzó a hablar:

> "Bienaventurados los pobres en espíritu, porque de ellos es el reino de los cielos."

Jared se esforzaba por oír por encima del ruido de la gente y de los animales alrededor de él. *Seré más que pobre en espíritu si mi espalda no mejora,* pensaba mientras su mente regresaba a esos miserables años de dificultad cuando su padre no podía trabajar. Cuando se volvió a concentrar, Josué decía:

"Bienaventurados los mansos, porque recibirán la tierra por heredad."

Jared no quería ser demasiado crítico, pero de nuevo pensó: *No quiero heredar la tierra. Mi preocupación es que tal vez necesite vender mi escasa herencia para pagar cuentas si no puedo volver a trabajar.*

La combinación de un bebé con cólicos a su lado, y su dolor de espalda exacerbado por el viaje en carreta, hacía difícil concentrarse. Josué impresionó a Jared al no citar a rabinos famosos para reforzar sus puntos de vista. Sin embargo, el discurso parecía demasiado religioso e impráctico, en realidad había poco con que identificarse. Y sus muchachos estaban ansiosos esperando que Josué comenzara a sanar a la gente.

Pero entonces el sermón tomó un tono más personal.

> "Por tanto os digo: No os angustiéis por vuestra vida, qué habéis de comer o qué habéis de beber; ni por vuestro cuerpo, qué habéis de vestir. ¿No es la vida más que el alimento y el cuerpo más que el vestido? Mirad las aves del cielo… Considerad los lirios del campo… Y si a la hierba del campo… Dios la viste así… ¿no hará mucho más por vosotros, hombres de poca fe?... Buscad primeramente el reino de Dios y su justicia, y todas estas cosas os serán añadidas."

Jared estaba ansioso por su vida e incluso más preocupado por lo que el mañana traería si su espalda no sanaba. Josué parecía estar diciendo que el Señor iba a satisfacer sus necesidades, incluso si no podía trabajar. *Fácil de decir para un rabino itinerante*. La multitud que lo acompañaba se aseguraría de que tuviera comida, ropa y refugio.

Pero a nadie le importaba Jared aparte de los miembros de su familia. Y no era el único carpintero de la región. Con sólo unas pocas casas nuevas por construir cada año, la competencia era feroz. Si no participaba activamente en el negocio familiar, seguramente otros serían elegidos para construir o remodelar los hogares.

Cuando Josué dejó de hablar, él y sus discípulos regresaron a Capernaum. La gran multitud siguió tras él, esperando ver más milagros, y Jared y su familia estaban entre ellos.

Jared toleró el precipitado viaje de regreso, soportando las sacudidas y el dolor sólo para seguir el ritmo de los demás. Josué se detuvo para restaurar la salud de un leproso, pero luego siguió su camino, y Jared pronto se dio cuenta de que su espalda no sería curada ese día.

* * * * *

Jared fue a casa decepcionado y sintiéndose inepto, pero aún aferrándose a la creencia que tenían él y otros de su capacidad de cuidar de sí mismo y de sus seres queridos si sólo su espalda podría ser sanada.

¿Qué quiso decir Jesús al reprender diciendo: "hombres de poca fe?" ¿Estaba diciendo que la autosuficiencia no era compatible con el reino de los cielos? Examinemos el contexto de nuevo.

> "Por tanto os digo: No os angustiéis por vuestra vida... Mirad las aves del cielo que no siembran, ni siegan, ni recogen en graneros; y, sin embargo, vuestro Padre celestial las alimenta... Considerad los lirios del campo...

> Y si a la hierba del campo… Dios la viste así… ¿no hará mucho más por vosotros, hombres de poca fe?" (Mateo 6:25-30)

Si bien es cierto que las aves no siembran, cosechan, ni recogen en graneros, tampoco se sientan simplemente en sus perchas a esperar una limosna del Señor todos los días. Ellos participan en actividades de alimentación y Dios provee el resto. Por lo tanto, no es la fe en las habilidades propias lo que está en cuestión.

Jared no estaba solo al querer un milagro. Mateo 4: 23-25 indica la razón por la que vastas multitudes siguieron a Jesús al monte Eremos: Durante su viaje por Galilea, le trajeron a todos los enfermos, los afligidos con diversas enfermedades y dolores, los oprimidos por los demonios, los epilépticos y los paralíticos – y Él los curó. Por lo tanto, era natural suponer que Cristo continuaría curando en grandes cantidades.

La palabra *angustiados* en Su discurso es clave. La ansiedad, la frustración y la preocupación son señales de que no somos capaces de hacer frente a las circunstancias que enfrentamos.

En nuestra angustia, podemos querer que el Señor resuelva la situación con *nuestro* remedio deseado sin primero aprender cuál puede ser Su solución para nosotros. Está arraigado en nosotros creer de esta forma porque nuestros sentimientos de angustia revelan un sentido subyacente de desnudez o ineptitud en comparación con lo que otros son capaces de lograr.

> *La palabra* angustiados *en Su discurso es clave. La ansiedad, la frustración y la preocupación son señales de que no somos capaces de hacer frente a las circunstancias que enfrentamos.*

Los asistentes al Sermón del Monte no estaban "buscando primeramente el reino de Dios y Su justicia" - el plan del Señor para sus vidas. Ellos suponían que como Jesús sanó a otros, Él aliviaría su angustia realizando milagros similares para ellos también. Es a esta clase de fe presuntiva a la que Cristo etiquetó "poca fe."

Si esta es la definición de poca fe, ¿por qué Jesús la usó cuando sus discípulos le pidieron que explicara su incapacidad para sanar al niño? Después de todo, el Señor les autorizó para curar a los enfermos, resucitar a los muertos, limpiar a los leprosos y echar fuera los demonios en Mateo 10: 7, 8. Otro relato de este incidente en Marcos 9: 14-29 provee la razón.

> Cuando llegó a donde estaban los discípulos, vio una gran multitud alrededor de ellos, y escribas que discutían con ellos… Él les preguntó: —"¿Qué discutís con ellos?" Respondiendo uno de la multitud, dijo: —"Maestro, traje a ti mi hijo, que tiene un espíritu mudo, el cual, dondequiera que lo toma, lo sacude; echa espumarajos, cruje los dientes y se va secando. Dije a tus discípulos que lo echaran fuera, pero no pudieron." …

> Cuando él entró en casa, sus discípulos le preguntaron aparte: —"¿Por qué nosotros no pudimos echarlo fuera?" Y les dijo: —"Este género con nada puede salir, sino con oración y ayuno."

¿Por qué no *pudimos*? ¿Daban por sentado ellos que Cristo los comisionó con un mandato ilimitado para sanar a cualquiera? Al no poder expulsar al demonio del niño, se sintieron frustrados y desnudos ante los ojos del padre del niño y del resto de la multitud. Para cubrir su vergüenza, pelearon con los escribas.

Ellos presenciaron a Cristo curando multitudes de personas y probablemente asumieron que Él actuó por Su propia autoridad por comisión de Su Padre. Pero Jesús dijo,

> "De cierto, de cierto os digo: No puede el Hijo hacer nada por sí mismo, sino lo que ve hacer al Padre" (Juan 5:19)

Los discípulos también debían adoptar esa postura. Anteriormente, se les concedió autoridad para sanar. Ahora, ellos suponían que podían realizar el mismo remedio instando a Dios a liberar al niño sin primero preguntarle a través de la oración si eso era Su voluntad. Esto también era poca fe.

La inutilidad de la poca fe es evidente cuando Satanás tentó a Jesús a ejercer Su propia autoridad. Después de llevarlo a un pináculo del templo, Satanás le pidió a Cristo que probara que era el Hijo de Dios. "Tírate abajo, declara el Salmo 90:11, 12, y el Señor ordenará a Sus ángeles que te salven." Pero Jesús respondió, "No tentarás al Señor tu Dios." Lo que significa que Dios no sería coaccionado a obedecer a otra persona, incluso si esa persona era Su Hijo.

¿Qué es la Verdadera Fe?

Si la poca fe es impotente, la verdadera fe, por pequeña que sea, puede lograr cualquier cosa. ¿Cómo es esto posible? Para responder a esa pregunta, consideremos brevemente a Abraham, el modelo de la fe.

> Vino la palabra de Jehová a Abram en visión, diciendo: No temas, Abram; yo soy tu escudo, y tu galardón será sobremanera grande. Y respondió Abram: Señor Jehová, ¿qué me darás, siendo así que ando sin hijo, y el mayordomo de mi casa es ese damasceno Eliezer? ... Luego vino a él palabra de Jehová, diciendo: No te heredará éste, sino un hijo tuyo será el que te heredará. Y lo llevó fuera, y le dijo: Mira ahora los cielos, y cuenta las estrellas... Así será tu descendencia. Y creyó a Jehová, y le fue contado por justicia (Génesis 15:1–6).

El versículo seis tiene un lugar especial en los escritos[5] de Pablo por una buena razón. Tres palabras, *creyó, contado,* y un sustantivo para *justo* entran aquí en la literatura bíblica.[6] Esta Escritura es tan conocida, que podemos pasar por alto por qué se encuentra aquí y no se asocia con las revelaciones anteriores de Dios.

> *Tres palabras,* creyó, contado, *y un sustantivo para* justo, *entran aquí en la literatura bíblica.*

Por ejemplo, en Génesis capítulo 6, la maldad de la humanidad escaló hasta el punto en que el Señor decidió repoblar la tierra con Noé y su familia. Dios se le apareció a Noé y le dio instrucciones para construir el arca. Cuando estuvo completo:

> ... El Señor dijo a Noé, "Entra tú y toda tu casa en el arca; porque a ti he visto justo[7] delante de mí en esta generación" (Génesis 7:1).

Sin duda, Noé le creyó a Dios o no habría entrado en el arca con su familia. Pero el autor del Génesis no declaró que la creencia de Noé le fue contada como justicia. Eso vino muchas generaciones después, con Abram. El Señor dijo al patriarca:

> "Vete de tu tierra y de tu parentela, y de la casa de tu padre, a la tierra que te mostraré. Y haré de ti una nación grande. Y se fue Abram, como Jehová le dijo" (Génesis 12: 1-4).

De nuevo, Abram le creyó a Dios o no habría viajado a Canaán. Sin embargo, el escritor de Génesis todavía no dijo en ese encuentro que la fe de Abram fue contada como justicia.

El Señor le había pedido a Noé que construyera un arca y a Abram que saliera de su tierra natal y viajara a Canaán. Por lo tanto, su creencia en la fidelidad de Dios fue seguida por la acción para llevar a cabo Sus directrices.

El autor de Génesis esperó para inscribir las palabras de 15: 6 porque, en este versículo, el Señor no le pidió a Abram que *hiciera nada*. Es una definición elegante de la relación de la fe separada de cualquier otra actividad:

1. El Señor reveló Su plan a Abram;

2. Abram creyó que Dios cumpliría lo que Él reveló; y,

3. El Señor contó la fe de Abram en Él como justicia.

No hay posibilidad de que alguien que lea este relato asuma erróneamente que la justicia le fue contada a Abram basándose en cualquier cosa que el lograra, sino sólo en su creencia en la fidelidad de Dios.[8]

La mayoría de las veces, Dios instruye a una persona a realizar alguna obra, y sus acciones demuestran la creencia de esa persona en Su revelación. Así, la advertencia de Santiago, "fe sin obras es fe muerta" (Santiago 2:17), no contradice este versículo ni cualquiera de los escritos de Pablo.

Una pregunta subsiguiente puede hacerse sobre este texto: ¿cómo se le contó la justicia a Abram? ¿Su carácter cambió repentinamente de modo que ya no cometió ninguna transgresión contra Dios o su prójimo? ¡Obviamente no! En 2 Corintios 5:21, Pablo escribe:

> Al que no conoció pecado, por nosotros lo hizo pecado, para que nosotros fuésemos hechos justicia de Dios en él.

Este versículo no se aplica solamente a los cristianos. Cuando los judíos desafiaron las credenciales de Cristo, Él respondió:

> "Abraham vuestro padre se gozó de que había de ver mi día; y lo vio, y se gozó. Entonces

> le dijeron los judíos: Aún no tienes cincuenta años, ¿y has visto a Abraham? Jesús les dijo: De cierto, de cierto os digo: Antes que Abraham fuese, yo soy" (Juan 8:56-58).

Jesús participó en la relación de fe con el padre de ellos. ¿Por qué se regocijó Abram al ver Su día? Porque ver ese día significaba que la muerte y resurrección de Cristo se aplicaban a él. Era la justicia de Dios, hecha posible por los acontecimientos del día que su padre vio, que fue contado a Abram. El Señor arropa a todos los creyentes en Su justicia mediante la relación de la fe.[9]

Dos Ejemplos de Verdadera Fe

Un Leproso

Cuando Jesús concluyó el Sermón del Monte y se dirigió a Capernaum, un leproso se le acercó. Aquel hombre había estado observando desde el borde de la multitud y sabía que Cristo sanaba toda clase de enfermedades. En lugar de asumir que Jesús también lo sanaría, el leproso le preguntó: "Señor, si quieres, puedes limpiarme." Preguntando primero si era la voluntad de Dios que él estuviera limpio y expresando su creencia en la habilidad de Cristo para purificarlo, el leproso mostró verdadera fe y fue recompensado al ser curado de su enfermedad.

Un Centurión

Cuando Jesús entró en Capernaum, varios ancianos de los judíos le rogaron que sanara al siervo de un centurión, amado por su dueño; el siervo estaba enfermo y cerca de la muerte. ¡Este hombre amó a Israel e incluso construyó la sinagoga de la ciudad! Mientras Cristo seguía su camino, el centurión envió amigos diciendo,

> "Señor, no te molestes, pues no soy digno de que entres bajo mi techo, 7 por lo que ni aun me tuve por digno de ir a ti; pero di la palabra y mi siervo será sanado, 8 pues también yo soy hombre puesto bajo autoridad, y tengo soldados bajo mis órdenes, y digo a éste: "Ve," y va; y al otro: "Ven," y viene; y a mi siervo: "Haz esto," y lo hace" (Lucas 7:6-8).

Jesús se maravilló de esta respuesta y dijo a la multitud que le seguía, "Os digo que ni aun en Israel he hallado tanta fe." Aunque el centurión era muy apreciado por los judíos, como gentil, respetaba su cultura. No se atrevió a venir solo o esperar que Cristo entrara en su casa. Tampoco suponía que Jesús sanaría a su siervo simplemente porque había sanado a otros.

Basado en su experiencia como centurión, creía que si Cristo decía la palabra, si la sanidad era parte del plan de Dios para su siervo, se llevaría a cabo sin la necesidad de que Jesús pusiera los pies en su casa. Este Gentil se convirtió en un modelo de la relación de fe para el resto de nosotros.

Fe y Sanidad

Jared llegó al monte Eremos ese día junto con muchos otros que esperaban que Jesús los sanara. Se fueron a casa decepcionados por su poca fe.

La sanidad y otros milagros siempre han sido parte de la manera de Dios de dar testimonio del Evangelio.[10] Un pasaje que trata de la sanidad es Santiago 5:14, 15.

> ¿Está alguno enfermo entre vosotros? Llame a los ancianos de la iglesia para que oren por él, ungiéndolo con aceite en el nombre del Señor. Y la oración de fe salvará al enfermo, y el Señor lo levantará.

Superficialmente, podríamos pensar que, si un enfermo llama a los ancianos / líderes de la iglesia y oran por él, ungiéndolo con aceite en el nombre del Señor, Dios extendería Su mano para sanar.

Pero veamos este texto más de cerca. Santiago indica que la *oración de fe* de los ancianos sanará al enfermo. Una oración de fe implica que los ancianos recibieron una indicación previa del deseo del Señor de restaurar la salud del individuo. Así que, una vez más, no podemos suponer que los ancianos puedan obligar a Dios a cumplir sus órdenes sin importar cuánto oren o cuán digna sea la situación para tal expresión de la misericordia y gracia del Señor. Esa postura es una de poca fe.

No podemos suponer que los ancianos puedan obligar a Dios a cumplir sus órdenes sin importar cuánto oren o cuán digna sea la situación para tal expresión de la misericordia y gracia del Señor. Esa postura es una de poca fe.

* * * * *

Un Testimonio Personal

Ralph era un anciano en nuestra iglesia. El despertó una mañana con un dolor insoportable en la parte baja del abdomen. Imágenes, tomadas en el hospital, confirmaron la sospecha de su médico de que estaba sufriendo de una piedra renal demasiado grande para eliminarla. Por lo tanto, el médico prescribió un analgésico para aliviar la agonía constante. Después de varias semanas intentando sin éxito de disolver la piedra a través de la medicación, su médico programó una cirugía para Ralph.

El ingresó al hospital la noche anterior para tomarle imágenes médicas adicionales para localizar mejor la piedra del riñón y determinar su tamaño exacto. Ralph estaba en un dolor tan debilitante que me llamó, pidiendo a nuestros ancianos que vinieran y oraran de acuerdo con las pautas de Santiago.

Mi esposa, Miriam, y yo y varios ancianos nos reunimos alrededor de su cama y le preguntamos al Señor su voluntad en esta situación. Miriam sintió que Dios le estaba diciendo que quería triturar la piedra para que pudiera pasar. No siendo anciana, ella le pidió silenciosamente a Dios que confirmara su dirección compartiéndola con los ancianos.

Apenas terminó de orar cuando Al y Scotty dijeron que sentían que el Señor quería triturar la piedra para que pudiera pasar. Miriam dio testimonio de su convicción y todos oramos por Ralph, ungiéndolo con aceite.

Poco después, una enfermera entró en la habitación, puso a Ralph en una silla de ruedas y lo llevó para que le hicieran las imágenes médicas. Todos esperamos en la habitación, a la expectativa.

Casi media hora después, la enfermera regresó con Ralph sonriendo de oreja a oreja. ¡Se iba a casa! El radiólogo no encontró piedras en sus riñones, sólo granos finos como de arena que pasarían fácilmente.

* * * * *

Este capítulo se ha centrado en las relaciones basadas en la fe de los individuos. El capítulo siguiente profundizará en las misericordiosas promesas de Dios disponibles para todos a través de la fe. Estas promesas son el corazón del Evangelio.

Preguntas de Estudio para Discusión

- ¿Qué es poca fe? (Mateo 6:30)
    - ¿Alguna vez has pensado que tu fe era demasiado pequeña porque Dios no respondió a tus oraciones?
    - ¿Alguna vez has tenido la tentación de *reclamar* un versículo bíblico para que Dios respondiera a tu oración?
    - ¿Qué nos dice la preocupación y la ansiedad acerca de nuestras soluciones a los problemas que enfrentamos?
    - ¿Por qué a menudo oramos para que Dios remedie la situación usando nuestras soluciones?
    - ¿Cuál es la diferencia entre traer nuestras peticiones a Dios y traer nuestras soluciones (Filipenses 4: 6)?
- ¿Qué es fe verdadera?
    - ¿Cómo puede la fe verdadera, por pequeña que sea, mover montañas?
    - ¿Por qué Dios esperó hasta Su encuentro con Abram en Génesis 15: 6 para compartir el modo en que funciona la fe verdadera?
    - El Señor *contó* la confianza de Abram en Él como justicia. En tus propias palabras, ¿qué

significa la palabra "contó?"

- ¿Cómo cuenta Dios la justicia a todos los creyentes?

- ¿Puedes recordar un momento en que presenciaste el poder sanador de Dios?
  - ¿Cuáles fueron las circunstancias?

Seis
¡Verdaderamente Libres!

¡Sublime gracia, cuán dulce me suena,
que salvó a un desgraciado como yo!
Antes estuve perdido, pero ahora he sido encontrado,
estuve ciego, pero ahora veo.
– John Newton (1779)[1]

"Sublime Gracia," canción para una vieja melodía popular de las Montañas Apalaches, es uno de los himnos más populares de los Estados Unidos. Se encuentra en prácticamente todo himnario y cancionero religioso.

Es probable que conozcas la letra de memoria, y la melodía puede incluso traer buenos recuerdos. ¿Pero las palabras del himno evocan la misma respuesta? ¿Hubo alguna vez un momento en que sinceramente te sentiste como una persona desgraciada, perdida y ciega? John Newton escribió esas letras mientras recordaba su vida pródiga como marinero y capitán de una nave esclava. Pocos de nosotros experimentamos una existencia tan disoluta.

Tal vez el motivo de este himno se aplicaría a los abandonados, vagos y drogadictos de los barrios bajos, pero difícilmente a alguien en tu iglesia, mucho menos a *tí*. Para adaptarse a este molde, una persona debe ser realmente malo o su vida estar en ruinas.

¿"Pecadores" o " Gente Buena ?"

El Evangelio Cristiano tiene poca relevancia en nuestra sociedad porque la gran mayoría de las personas no se consideran "pecadores." Mientras el pecado sea visto como una lista de fechorías y el arrepentimiento como la necesidad de confesar y sentir remordimiento por esos pecados, muchos afirman que ellos, y la mayoría de los que ellos conocen, son "buenas personas." Simplemente no ven ninguna necesidad de salvación.

Si no luchamos con todas las ramificaciones del pecado, entonces también disminuimos nuestra percepción de la salvación. Podríamos creer que lo único que heredamos de Adán fue la capacidad de elegir entre el bien y el mal y que la redención de Dios en Jesucristo pagó la multa por nuestras malas decisiones. Si este fuera el caso, sería como un juez que elige mejorar la forma en que la gente conduce pagándoles sus multas por exceso de velocidad y estacionamiento prohibido. Pero se requiere más: para modificar los hábitos de conducción de una persona o el estilo de vida en general, es necesario reformar el comportamiento.

Pablo no estaba viviendo una vida de embriaguez y libertinaje cuando escribió, ¡Miserable de mí! ¿quién me librará de este cuerpo de muerte? (Romanos 7:24) Él era el apóstol escogido de Dios para los gentiles que gritaba de angustia por su permanente incapacidad para dominar la ley del pecado y la muerte que libraba guerra contra él y lo convertía en su sirviente.

Sin embargo, después de manifestar su frustración, pasó a responder a su propia pregunta.

> "¡Gracias doy a Dios, por Jesucristo Señor nuestro! Así que, yo mismo con la mente sirvo a la ley de Dios, pero con la carne, a la ley del pecado" (Romanos 7:25 *énfasis mío*).

A simple vista, parece que Pablo no estaba mejor. Por un lado, con su mente, él continuaba haciendo lo que él creía que era correcto según la ley de Dios. Por otra parte, su adversario, armado del conocimiento del bien y del mal que Pablo había heredado de Adán, continuaba forzándolo a servir a la ley del pecado. Pero Pablo sigue explicando cómo el Señor resolvió esta dicotomía.

> Ahora, pues, ninguna condenación hay para los que están en Cristo Jesús, los que no andan conforme a la carne, sino conforme al Espíritu, porque la ley del Espíritu de vida en Cristo Jesús me ha librado de la ley del pecado y de la muerte. Lo que era imposible para la Ley, por cuanto era débil por la carne, Dios, enviando a su Hijo en semejanza de carne de pecado, y a causa del pecado, condenó al pecado en la carne, para que la justicia de la Ley se cumpliera en nosotros, que no andamos conforme a la carne, sino conforme al Espíritu (Romanos 8:1 *énfasis mío*).

Si Pablo continuó sirviendo a la ley del pecado con su carne, ¿cómo no fue condenado bajo la misma ley que él servía con su mente? Nota que la ley del Espíritu de *vida* se contrasta con la ley del pecado y la *muerte*. La serpiente había dicho: "Tú serás *como* Dios, conociendo el bien y el mal." A pesar de que el Señor creó a Adán y a Eva a Su imagen, Él los hizo sin la capacidad de comprender este concepto.

La serpiente tenía razón al indicar que el Señor tenía esa aptitud. Pero ella engañó a la primera pareja para que creyeran que se volverían *más parecidos a Dios* al obtener tal entendimiento. Al comer la fruta, esperaban acercarse a su Padre. En cambio, debido a esa nueva adquisición, compararon sus diferencias individuales con su pareja y con el Señor. Los sentimientos de desnudez que aquellas comparaciones produjeron acabaron con una muerte relacional y espiritual, separándolos del Señor y de los demás y cumpliendo la advertencia de Dios: "En el día en que comáis de ella, ciertamente moriréis."

> *La serpiente tenía razón al indicar que el Señor tenía esa aptitud. Pero ella engañó a la primera pareja para que creyeran que se volverían* más parecidos a Dios *al obtener tal entendimiento.*

Jesús: El Único Hijo de Adán sin Pecado

Como Pablo, Jesús nació siendo hijo de Adán. Así que, por Su nacimiento, Él heredó el conocimiento del bien y del mal. Pablo puede decir que Jesús nació *en la semejanza de carne pecaminosa* porque Él también era Dios encarnado. Puesto que Él siempre poseyó esta capacidad, no creó en Él sentimientos de desnudez.

Al vivir Su vida como hijo de Adán *y* de Dios, Él condenó al pecado en la carne (en Su naturaleza de Adán). La herencia potencialmente devastadora que recibió de Adán no causó que Jesús experimentara la muerte relacional ni espiritual. Al hacerlo, Él se convirtió en el único hijo de Adán en vivir una vida *libre* de la ley del pecado y la *muerte*. También fue el único hijo de Adán cuyo estilo de vida reflejaba la ley del Espíritu de *vida*.

Jesús Tomó Nuestro Lugar en el Juicio

A diferencia de Jesús, todos somos esclavos del pecado. Entonces, ¿cómo podemos ser liberados de la ley del pecado y la muerte? La respuesta está en la frase de Pablo "la justicia de la Ley" El Señor es un Dios justo y como tal *debe* juzgar el pecado. Él no puede simplemente perdonar nuestras ofensas como un acto de gracia y misericordia sin violar su naturaleza justa.

Si esa opción fuera viable, Su Hijo no habría tenido que morir en la cruz. La noche anterior a Su muerte, Jesús pasó gran parte de la noche en oración ferviente con Su Padre, tratando de encontrar otro camino, pero no había otro camino.

Se apartó de ellos a distancia como de un tiro

> de piedra, y puesto de rodillas oró, diciendo: "Padre, si quieres, pasa de mí esta copa; pero no se haga mi voluntad, sino la tuya." Entonces se le apareció un ángel del cielo para fortalecerlo. Lleno de angustia oraba más intensamente, y era su sudor como grandes gotas de sangre que caían hasta la tierra (Lucas 22:41-44).

Algunos ven en Génesis 3:21, cuando el Señor hizo prendas de pieles para la pareja, el primer ejemplo de un patrón de expiación que implicaba el sacrificio sustituible de la vida de un animal.

En Éxodo 25: 17-22, Dios le dio a Moisés instrucciones de construir el arca del pacto con el propiciatorio encima del arca. En el día de la expiación, el sumo sacerdote llevaba la sangre del sacrificio a la parte más interna del tabernáculo, y más tarde del templo, y rociaba la sangre en el propiciatorio como una ofrenda por sí mismo y por los pecados del pueblo (Hebreos 9:7). El derramamiento de sangre era necesario porque como juez justo, Dios tenía que condenar el pecado (Hebreos 9:22).

Algunos ven en Génesis 3:21, cuando el Señor hizo prendas de pieles para la pareja, el primer ejemplo de un patrón de expiación que implicaba el sacrificio sustituible de la vida de un animal.

La aspersión de sangre en el propiciatorio se describe como un acto sacrificial de propiciación[2] (un sinónimo digno de esta palabra es *apaciguamiento*). El animal tenía que ser un espécimen perfecto, y Dios sustituía su vida inocente como un sacrificio por la vida de los israelitas. Este ritual anual presagiaba el sacrificio de Cristo por nosotros.

> Por cuanto todos pecaron y están destituidos de la gloria de Dios, y son justificados gratuitamente por su gracia, mediante la redención que es en Cristo Jesús, a quien Dios puso como propiciación por medio de la fe en su sangre, para manifestar su justicia, a causa de haber pasado por alto, en su paciencia, los pecados pasados, con miras a manifestar en este tiempo su justicia, a fin de que él sea el justo y el que justifica al que es de la fe de Jesús (Romanos 3:23-26 énfasis mio).

Como el único hijo de Adán que no pecó ni fue destituido de la gloria de Dios, Jesús se convirtió en el don de la gracia de Dios, presentado como una propiciación perfecta por Su sacrificio en la cruz. La justicia de Dios se manifestó al juzgar a Su Hijo en lugar de a toda persona que haya vivido antes o después de la muerte y resurrección[3] de Cristo.

El Sacrificio de Cristo Cumplió con la Justicia de Dios

¿Cómo pudo el justo juicio de Dios sobre Su Hijo impartir Su justicia a todos los creyentes? Pablo responde a esta pregunta en 2 Corintios 5:21.

> Al que no conoció pecado, por nosotros lo hizo pecado, para que nosotros seamos justicia de Dios en él.

Para usar las palabras de Génesis 15: 6, durante el acto sacrificial de propiciación en la cruz, el Señor "contó" nuestro pecado a Jesús para que, por medio de Su muerte, Dios "cuente" su justicia a todos los que creen.

La idea de ser maldecido y por lo tanto separado de Su Padre era abominable para Jesús durante su noche de oración en el Jardín de Getsemaní.

> Cristo nos redimió de la maldición de la Ley, *haciéndose maldición por nosotros* (pues está escrito: "Maldito todo el que es colgado en un madero"), para que en Cristo Jesús la bendición de Abraham alcanzara a los gentiles, a fin de que por la fe recibiéramos[4] la promesa del Espíritu (Gálatas 3:13-14, *énfasis mío*).

Se oye la terrible angustia en Su voz cuando Jesús pronunció estas palabras desde la cruz.

> Desde la hora sexta hubo tinieblas sobre toda la tierra hasta la hora novena. Cerca de la hora novena, Jesús clamó a gran voz, diciendo: "Elí, Elí, ¿lama sabactani?" (que significa: "Dios mío, Dios mío, ¿por qué me has desamparado?"). (Mateo 27:45-46)

De todas las palabras que Cristo dijo desde la cruz, éstas reflejan las tinieblas que habían envuelto Su alma atormentada. Su grito desesperado fue desgarrador. En medio de aquel momento, eligió citar el Salmo 22: 1 para transmitirnos Sus horribles sentimientos de la separación de Su Padre, ya que estaba experimentando la muerte espiritual y relacional.

Jesús sabía por qué su Padre lo había abandonado. Sin

embargo, era devastador para Él. Anteriormente, Él había revelado a Sus discípulos que Su alma estaba perturbada por la perspectiva de convertirse en pecado por nosotros. También les aseguró que era precisamente por esta hora que Él había venido.

> Había ciertos griegos entre los que habían subido a adorar en la fiesta. Estos, pues, se acercaron a Felipe, que era de Betsaida de Galilea, y le rogaron, diciendo: —Señor, queremos ver a Jesús. Felipe fue y se lo dijo a Andrés; entonces Andrés y Felipe se lo dijeron a Jesús. Jesús les respondió diciendo: —Ha llegado la hora para que el Hijo del hombre sea glorificado… "Ahora está turbada mi alma, ¿y qué diré? ¿Padre, sálvame de esta hora? Pero para esto he llegado a esta hora. Padre, glorifica tu nombre. Entonces vino una voz del cielo: "Lo he glorificado, y lo glorificaré otra vez" (Juan 12:20-28, *énfasis mío*).

> Cuando acabó Jesús todas estas palabras, dijo a sus discípulos: "Sabéis que dentro de dos días se celebra la Pascua, y el Hijo del hombre será entregado para ser crucificado" (Mateo 26:1, 2).

En las menguantes horas antes de la puesta del sol, Jesús sabía que Su prueba pronto terminaría.

> Después de esto, sabiendo Jesús que ya todo estaba consumado, dijo, para que la Escritura se cumpliera: —¡Tengo sed! Había allí una vasija llena de vinagre; entonces ellos empaparon en vinagre una esponja y, poniéndola en un hisopo, se la acercaron a la boca. Cuando Jesús tomó el vinagre, dijo: —¡Consumado es! E inclinando la cabeza, entregó el espíritu (Juan 19:28-30).

> Entonces Jesús, clamando a gran voz, dijo: —Padre, en tus manos encomiendo mi espíritu. Habiendo dicho esto, expiró. Cuando el centurión vio lo que había acontecido, dio gloria a Dios diciendo: —Verdaderamente este hombre era justo (Lucas 23:46-47)!

Pablo resume cómo Jesucristo tomó nuestro lugar en el juicio en Romanos 5: 6-11 (*énfasis mío*).

> Cristo, cuando aún éramos débiles, a su tiempo murió por los impíos. Ciertamente, apenas morirá alguno por un justo; con todo, pudiera ser que alguien tuviera el valor de morir por el bueno. Pero Dios muestra su amor para con nosotros, en que, siendo aún pecadores, Cristo murió por nosotros. Con mucha más razón, habiendo sido ya justificados en su sangre, por él seremos salvos de la ira, porque, si siendo enemigos, fuimos reconciliados con Dios por la muerte de su Hijo, mucho más, estando reconciliados, seremos salvos por su vida. Y no sólo esto, sino que también nos gloriamos en Dios por el Señor nuestro Jesucristo, por quien hemos recibido ahora la reconciliación.

¿Cómo Puede Morir Uno Por Todos?

¿Cómo puede el sacrificio de un individuo reconciliar a todos los hijos de Adán que están bajo sentencia de muerte? Después de todo, si tal cosa fuera posible y una persona inocente pudiera tomar el lugar de otro individuo en la pena de muerte, sólo un ser humano sería puesto en libertad.

Pablo respondió a esta pregunta diciendo que todos los creyentes participaron en la crucifixión de Jesucristo.

> Con Cristo estoy juntamente crucificado, y ya no vivo yo, mas vive Cristo en mí; y lo

> que ahora vivo en la carne, lo vivo en la fe del Hijo de Dios, el cual me amó y se entregó a sí mismo por mí (Gálatas 2:20).

Obviamente, Pablo no murió cuando Jesús murió. Entonces, ¿cómo estuvo él, y cómo estamos nosotros, crucificados con Cristo? Además, ¿de qué clase de vida habla Pablo? Puesto que él no murió, no debe referirse a su vida física.

El autor del Génesis escribió que Dios nos creó a su imagen y semejanza.

> Entonces dijo Dios: "Hagamos al hombre a nuestra imagen, conforme a nuestra semejanza" ... Y creó Dios al hombre *a* su imagen, a imagen de Dios lo creó; varón y hembra los creó (Génesis 1:26-27 *énfasis mío*).

Jesús dijo:

> Dios es Espíritu, y los que lo adoran, en espíritu y en verdad es necesario que lo adoren (Juan 4:24 *énfasis mío*).

Obviamente, Pablo no murió cuando Jesús murió. Entonces, ¿cómo estuvo él, y cómo estamos nosotros, crucificados con Cristo?

Al comparar estos pasajes, sabemos que Dios no creó nuestros cuerpos físicos a Su imagen y semejanza. Él formaría un cuerpo para Adán del polvo de la tierra (Génesis 2: 7).Pablo hace una clara distinción de que aunque nuestros cuerpos son necesarios, somos seres espirituales y nuestros cuerpos están separados de nuestra vida y fallecerán cuando muramos.

> Sabemos que si nuestra morada terrestre, este tabernáculo, se deshace, tenemos de Dios un edificio, una casa no hecha por manos, eterna, en los cielos… y sabiendo que entre tanto que estamos en el cuerpo, estamos ausentes del Señor (2 Corintios 5:1-6 *énfasis mío*).

El autor de Hebreos dice con relación a Jesús:

> Él, que es el resplandor de su gloria, la imagen misma de su sustancia (Hebreos 1:3 *énfasis mío*).

Puesto que Cristo es Dios encarnado, Suya es la marca *exacta de la naturaleza* de Dios. El Señor nos creó sin el conocimiento del bien y del mal.[5] Por lo tanto, nuestra naturaleza no es Su marca exacta. Sin embargo, Él sí nos creó a Su *imagen y semejanza.* Debido a esta imagen "familiar," el Señor puede adoptarnos como Sus hijos e hijas por medio de la fe.

> Y seré para vosotros por Padre, y vosotros me seréis hijos e hijas, dice el Señor Todopoderoso (2 Corintios 6:18 *énfasis mío*).

> A los que antes conoció, también los predestinó para que fueran hechos conformes a la imagen de su Hijo, para que él sea el primogénito entre muchos hermanos (Romanos 8:29 *énfasis mío*).

Todos pecamos y fuimos destituidos de la gloria de Dios y, por lo tanto, experimentamos la muerte relacional y espiritual. Por nuestro bien, Dios hizo que Cristo fuera pecado por nosotros, Él que no conoció pecado. Si bien es cierto que Cristo murió en la cruz y derramó Su propia sangre como nuestra propiciación, la profundidad de Su sacrificio es mucho más que sólo Su muerte *física*. Si ese fuera el caso, entonces su muerte habría beneficiado sólo a un ser humano.

En cambio, cuando Jesús se separó espiritual y relacionalmente de su Padre en la cruz, Dios "contó" nuestra muerte relacional y espiritual como si fuera la de Su Hijo. Podía hacerlo porque, por medio de la fe, ya nos había conformado a la imagen de su Hijo. Visto desde la perspectiva de Dios, la muerte de Cristo se convirtió en nuestra muerte para que, "en Él," también pudiéramos ser la justicia de Dios.

Transformados Por la Renovación de Nuestro Entendimiento

¿Cómo puede Pablo servir a la ley de Dios con su mente sin ser frustrado por el adversario que llevaba dentro? Después de todo, no puede haber condenación por servir al pecado con su carne, pero ¿cómo pudo él servir a la ley de Dios cuando su adversario podría obstaculizarlo a cada paso? Él aborda esta cuestión en Romanos 12: 1, 2 (*énfasis mío*).

> Por lo tanto, hermanos, os ruego por las misericordias de Dios que presentéis vuestros cuerpos como sacrificio vivo, santo, agradable a Dios, que es vuestro verdadero culto. No os conforméis a este mundo, sino <u>transformaos por medio de la renovación de vuestro entendimiento</u>, para que comprobéis cuál es la buena voluntad de Dios, agradable y perfecta.

Pablo comienza este pasaje recordando a sus lectores de las misericordias de Dios que recibieron por fe a través de la muerte y resurrección de Jesucristo. A la luz de la redención misericordiosa y clemente del Señor, nos pide que pongamos nuestros cuerpos, sin reservas, a disposición de Dios como sacrificios vivientes para hacer lo que Él quiere. Este acto santo es nuestra forma de adoración espiritual continua.

Antes de considerar los siguientes dos verbos en este pasaje, necesitamos entender un poco sobre el idioma griego original del Nuevo Testamento. Los verbos en griego pueden tener una de tres voces: activa, media y pasiva. En español, sólo hay dos: activa y pasiva. Un verbo en la voz activa significa que el sujeto realiza la acción mientras que un verbo en la voz pasiva significa que el sujeto recibe la acción. Hay muchas tonalidades a la voz media en griego. Su significado básico es que el sujeto participa en la acción.[6] Si Pablo hubiera usado la voz activa, nos llamaría a no conformarnos con el mundo. La voz media/pasiva da la traducción: no "sean conformados" a este mundo, lo cual significa que participamos, pero no somos los únicos que participan en esta actividad conformacional. Nuestro adversario también contribuye, y antes de que nosotros fuéramos creyentes, nos esclavizó a la ley del pecado. Ahora, por medio de la fe, ya no necesitamos conformarnos a este mundo porque nuestro viejo hombre fue crucificado con

Cristo.

> Sabiendo esto, que nuestro viejo hombre fue crucificado juntamente con él, para que el cuerpo del pecado sea destruido, a fin de que no sirvamos más al pecado, porque, el que ha muerto ha sido justificado del pecado. Y si morimos con Cristo, creemos que también viviremos con él, y sabemos que Cristo, habiendo resucitado de los muertos, ya no muere; la muerte no se enseñorea más de él. En cuanto murió, al pecado murió una vez por todas; pero en cuanto vive, para Dios vive. Así también vosotros consideraos muertos al pecado, pero vivos para Dios en Cristo Jesús, Señor nuestro (Romanos 6:6-11 *énfasis mío*).

¿Por qué el cuerpo del pecado se ha destruido? Porque a través de la fe, nuestro viejo hombre-nuestro espíritu que habita dentro de nuestro cuerpo físico, ha sido crucificado con Cristo. El pecado no puede controlar a una persona fallecida. En Romanos capítulo 7, Pablo luchó duramente para vencer el pecado que habitaba en sus miembros, pero no pudo. Esas mismas acciones indican que él estaba enfocándose en el pecado en sus miembros, lo que significa que estaba vivo para el pecado, no muerto al pecado como lo indica Romanos 6:11. Mientras él, o nosotros, luchamos con los hábitos pecaminosos que ya no deseamos realizar, nuestro adversario ganará porque estamos conformándonos a un modo de vida que el pecado puede controlar. Morir al pecado significa que no debemos intentar de ninguna manera resistir el pecado más de lo que lo haríamos si estuviéramos yaciendo (muertos) en una caja de pino.

Volviendo al último de los dos verbos en Romanos 12: 2: "sino seáis *transformados* mediante la renovación de vuestra mente." Este último verbo está en la voz pasiva, significando que la renovación de nuestra mente se nos hace a *nosotros*: no participamos activamente en esta actividad en curso.

La palabra metamorfosis viene de una palabra griega; un ejemplo por excelencia es la transformación de la oruga a una mariposa. La oruga sale de un huevo y vive su existencia comiendo el follaje de las plantas con flores. No sabe nada de la forma de vida que tendrá como una mariposa, la capacidad de volar y comer del néctar en lugar de las hojas. A medida que crece, se desprende de su piel varias veces.

Luego, un día, se adhiere a la parte inferior de una hoja o rama y muda una última vez, y su nueva piel se endurece en una crisálida.[7] Aparte del acto de sujetarse con un pequeño hilo de seda, esta última muda empieza igual que las otras. Sin embargo, esta vez cuando emerge es una mariposa y no una oruga, ¡una transformación creada por sus genes más que por una activa participación propia! En lugar de volver al borde de una hoja para continuar comiendo como lo había hecho antes, la mariposa despliega sus alas y vuela lejos para alimentarse de un néctar altamente nutritivo. La perspectiva completa de la criatura acerca del mundo cambia para siempre.

Entonces, ¿cómo somos *transformados* nosotros por la renovación de nuestras mentes? Jesús les dijo a sus discípulos que Él y Su Padre harían su hogar en nosotros.

> "No os dejaré huérfanos; volveré a vosotros. Todavía un poco, y el mundo no me verá más, pero vosotros me veréis; porque yo vivo, vosotros también viviréis. En aquel día vosotros conoceréis que yo estoy en mi Padre, y vosotros en mí y yo en vosotros...—El que me ama, mi palabra guardará; y mi Padre lo amará, y vendremos a él y haremos morada con él" (Juan 14:18-23, *énfasis mío*).

Él también dijo que enviaría a otro Consolador que estaría en nosotros y nos guiaría a toda la verdad.

> "Y yo rogaré al Padre y os dará otro Consolador, para que esté con vosotros para siempre: el Espíritu de verdad, pero vosotros lo conocéis, porque vive con vosotros y estará en vosotros... el Consolador, el Espíritu Santo, a quien el Padre enviará en mi nombre, él os enseñará todas las cosas" (Juan 14:16-26, *énfasis mío*).

> "Aún tengo muchas cosas que deciros, pero ahora no las podéis sobrellevar. Pero cuando venga el Espíritu de verdad, él os guiará a toda la verdad, porque no hablará por su propia cuenta, sino que hablará todo lo que oiga y os hará saber las cosas que habrán de venir" (Juan 16:12-14 *énfasis mío*).

Si usamos Proverbios 3: 5, 6 como modelo, cuando enfrentamos las experiencias de nuestra vida, no *debemos confiar en nuestro propio entendimiento* para discernir la voluntad de Dios para nosotros. Tal postura activa nos mantendría esclavos de la ley del pecado y la muerte.

En cambio, podemos reconocer la presencia del Señor que mora en nosotros, y por medio de la oración, pedir guía. Jesús dijo que tanto Él como Su Padre comunicarán al Espíritu Santo su percepción de la situación que enfrentamos. Y el Espíritu *dirigirá nuestros caminos* revelándonos lo que Él oye. De esta manera, seremos transformados por la renovación de nuestro entendimiento cuando somos iluminados por las revelaciones del Espíritu Santo. Pablo asoció este discernimiento espiritual y nuestra renovación con la mente de Cristo.

> Pero el hombre natural no percibe las cosas que son del Espíritu de Dios, porque para él son locura; y no las puede entender, porque se han de discernir espiritualmente. En cambio, el espiritual juzga todas las cosas, sin que él sea juzgado por nadie. ¿Quién conoció la mente del Señor? ¿Quién lo instruirá? Pues bien, nosotros tenemos la mente de Cristo (1 Corintios 2:14-16 *énfasis mío*).

Además, así como la vida entera de la oruga es cambiada por la metamorfosis, nuestra transformación implica mucho más que la renovación de nuestra mente.

Caminando en la Luz

> Éste es el mensaje que hemos oído de él y os anunciamos: Dios es luz y no hay ningunas tinieblas en él. Si decimos que tenemos comunión con él y andamos en tinieblas, mentimos y no practicamos la verdad. Pero si andamos en luz, como él está en luz, tenemos comunión unos con otros y la sangre de Jesucristo, su Hijo, nos limpia de todo pecado. Si decimos que no tenemos pecado, nos engañamos a nosotros mismos y

> la verdad no está en nosotros. Si confesamos nuestros pecados, él es fiel y justo para perdonar nuestros pecados y limpiarnos de toda maldad (1 Juan 1:5-9, *énfasis mío*).

¿Qué quiere decir Juan cuando nos insta a caminar en la luz y no en la oscuridad? Cuando te encuentras en la oscuridad, en un terreno desconocido, ¿cómo caminas? ¿Avanzas con confianza, como si pudieras ver todo delante de ti, o das cada paso con cuidado para asegurarte de no caer en un bache o tropezar con una roca?

La analogía espiritual con este tipo de movimiento vacilante es la persona que cuidadosamente analiza cada acción tomada para asegurarse de que es la correcta. Esta confianza en nuestro conocimiento del bien y el mal heredado de Adán nos esclaviza a la ley del pecado y de la muerte. Por lo tanto, aunque podamos decir que estamos haciendo todo lo posible para tener comunión con Dios, al hacer lo correcto, realmente estamos caminando en la oscuridad y nuestras acciones revelan nuestra ignorancia de la verdad.

Al considerarnos muertos al pecado y vivos para Dios en Cristo Jesús, avanzamos con nuestras vidas siguiéndole *a través de la fe* sin la necesidad ni el deseo de probar la validez de nuestras decisiones. De esta manera, caminamos en la luz como Él está en luz y tenemos comunión unos con otros. Cuando somos destituidos, en lugar de tratar de superar nuestras faltas, podemos confesar nuestros pecados al Señor, sabiendo que Él es fiel y justo para perdonar nuestros pecados, y que la sangre de Jesús, nuestra propiciación, nos limpia de todo tipo de mal.

La palabra "limpia" es un verbo de tiempo presente que significa que la sangre de Jesucristo nos está purificando continuamente. De hecho, si andamos en luz como Él está en luz, nuestra comunión con Dios, nuestra confesión de pecado y nuestra purificación de toda injusticia son continuas.

Tienes Que Nacer de Nuevo

Las palabras "en Cristo Jesús" o "en él" se encuentran muchas veces en las Escrituras citadas en este capítulo. Proclaman que la salvación de Dios es "en Cristo Jesús" y está disponible a través de la fe. Entonces, ¿cómo nos apropiamos de esta redención? Un fariseo llamado Nicodemo vino a Jesús una noche y el Señor le dijo que debía nacer de nuevo.

> Había un hombre de los fariseos que se llamaba Nicodemo, dignatario de los judíos. Éste vino a Jesús de noche y le dijo: —Rabí, sabemos que has venido de Dios como maestro, porque nadie puede hacer estas señales que tú haces, si no está Dios con él. Le respondió Jesús: —De cierto, de cierto te digo que el que no nace de nuevo no puede ver el reino de Dios. Nicodemo le preguntó: —¿Cómo puede un hombre nacer siendo viejo? ¿Puede acaso entrar por segunda vez en el vientre de su madre y nacer? Respondió Jesús: —De cierto, de cierto te digo que el que no nace de agua y del Espíritu no puede entrar en el reino de Dios. Lo que nace de la carne, carne es; y lo que nace del Espíritu,

> espíritu es. No te maravilles de que te dije: "Os es necesario nacer de nuevo" (Juan 3:1-7 *énfasis mío*).

Cuando Nicodemo se opuso a la posibilidad de que una persona entrara en el vientre de su madre por segunda vez, Jesús dijo que no se refería a un nacimiento físico, sino al renacimiento del espíritu de Nicodemo.

Aprendimos que estamos muertos en nuestras delitos y pecados (Efesios 2: 1), significando que nuestro pecado nos separa (a nuestro espíritu) de Dios y que la única manera de recuperar esta conexión es a través de la fe en Jesucristo. Ninguna cantidad de buenas obras o intentos de obedecer la ley de Dios puede renovar esta relación. La ley sólo nos recuerda que somos incapaces de superar al oponente dentro de nosotros (Romanos 3:20), el conocimiento del bien y del mal, el manantial de nuestra separación. Además, cualquier intento de conquistar a este adversario por nuestra cuenta sólo resulta en frustración, como descubrió Pablo (Romanos 7:24).

Cuando Nicodemo se opuso a la posibilidad de que una persona entrara en el vientre de su madre por segunda vez, Jesús dijo que no se refería a un nacimiento físico, sino al renacimiento del espíritu de Nicodemo.

Tu puedes estar pensando que has nacido de nuevo y recordar cuando sucedió. Pero tal vez estas palabras son nuevas para ti. El renacimiento de nuestro espíritu es la entrada en una relación continua con el Señor a través de la fe en Jesucristo.

Según la definición de fe descrita en el capítulo anterior, el Señor le prometió a Abraham un hijo, y le dijo que su descendencia sería tan incontable como las estrellas. Abram creyó que Dios podía cumplir Su promesa, y el Señor consideró la confianza de Abram en Él como justicia. ¿En qué promesa podemos creer que restablezca nuestra relación con el Señor y también nos justifique?

Según el apóstol Pedro, Dios desea que todos los descendientes de Adán tengan un cambio de corazón[8] y busquen una relación con Él.

> El Señor no retarda su promesa, según algunos la tienen por tardanza, sino que es paciente para con nosotros, no queriendo que ninguno perezca, sino que todos procedan al arrepentimiento[9] (2 Pedro 3:9, *énfasis mío*).

Puesto que Él quiere que todos se arrepientan, Dios ofrece salvación a cada persona a través de la fe en Su Hijo.

> De tal manera amó Dios al mundo, que ha dado a su Hijo unigénito, para que todo aquel que en él cree no se pierda, sino que tenga vida eterna (Juan 3:16 *énfasis mío*).

Pablo describe los pasos que debe tomar una persona para comenzar esta nueva relación.

> Si confiesas con tu boca que Jesús es el Señor y crees en tu corazón que Dios lo levantó de entre los muertos, serás salvo, porque con el corazón se cree para justicia, pero con la boca

> se confiesa para salvación (Romanos 10:9, 10, *énfasis mío*).

Los tiempos de los verbos *confesar* y *creer* en griego se refieren a un evento que sucede en un momento dado en lugar de una acción continua. Por lo tanto, confesar que Jesús es Señor y creer que Dios lo levantó de entre los muertos tienen lugar en un momento determinado en la vida de una persona y señala el momento del renacimiento espiritual.

El proceso de confesar y creer subraya el significado del arrepentimiento, porque la persona expresa así un verdadero cambio de corazón. Los individuos pueden sentirse culpables por pecados pasados. Sin embargo, si también se ven a sí mismos como "buenas personas," pueden sentir poco o ningún remordimiento. El arrepentimiento sincero lleva al reconocimiento de que están separados de Dios y que ya no quieren vivir de acuerdo con la ley del pecado y la muerte.

Jesús es Nuestro Señor Viviente

Pablo descubrió que, aún como apóstol a los gentiles, era incapaz de frustrar la debilitadora influencia del conocimiento del bien y del mal que había heredado de Adán. El único individuo que pudo, y puede, es el único Hijo de Adán que vivió una vida sin obstáculos por las consecuencias destructivas de esta capacidad intelectual, Jesucristo, a quien Dios resucitó de entre los muertos y que vive para siempre, libre de las limitaciones de la muerte. Por lo tanto, es imperativo cuando invitamos a Cristo a entrar en nuestra vida y a restablecer nuestra relación espiritual con Él, que le pidamos que tome el control y se convierta en nuestro Señor. Sólo entonces puede Jesús vivir Su vida en nosotros y renovar nuestras mentes, transformándonos en la persona, *la mariposa*, que su Padre quiere que seamos.

> Por tanto, de la manera que habéis recibido al Señor Jesucristo, andad en él, arraigados y sobreedificados en él y confirmados en la fe, así como habéis sido enseñados, abundando en acciones de gracias (Colosenses 2:6-7, *énfasis mío*).
>
> "Yo estoy a la puerta y llamo; si alguno oye mi voz y abre la puerta, entraré a él y cenaré con él y él conmigo" (Apocalipsis 3:20).
>
> Así que, si el Hijo os liberta, seréis verdaderamente libres (Juan 8:36).

Es imperativo cuando invitamos a Cristo a entrar en nuestra vida y a restablecer nuestra relación espiritual con Él, que le pidamos que tome el control y se convierta en nuestro Señor. Sólo entonces puede Jesús vivir Su vida en nosotros y renovar nuestras mentes, transformándonos en la persona, la mariposa, *que su Padre quiere que seamos.*

Tu oración de fe, basada en la promesa de Dios que podrás nacer de nuevo puede ser muy sencilla: "Cristo, toma el control de mi vida." O tal vez quieras decirlo con tus propias palabras. Lo importante es que la confesión de tu boca exprese un cambio sincero de tu corazón.

Un Testimonio Personal

Como leíste en la introducción, mi padre y mi madre viajaron por la carretera de Alcan desde Phoenix hasta el valle de Matanuskaen Alaska poco después de la Segunda Guerra Mundial. Wasilla era la aldea más cercana donde, según los vecinos de la zona, había 108 habitantes incluyendo perros y pollos.

Yo sólo tenía dos años y medio cuando nos mudamos y pasaron otros cuatro años antes de que mi hermano John llegara, seguido por Mike, Ron y Valerie. Ellos nacieron lo suficientemente cerca para ser compañeros de juegos. El único otro chico de mi edad vivía a más de diez kilómetros de distancia, demasiado lejos para cualquier camaradería. Nuestro único contacto regular era en la escuela.

Wasilla fue fundada con una estación de tren para apoyar a las minas de oro y carbón en la cercana Sierra de Talkeetna. La tienda de Walt y Vivian Teeland era el centro de la vida cotidiana. A unos pasos de Teeland's, sobre el malecón, el restaurante de paso ofrecía comidas y un lugar para alojarse. Más adelante, una pequeña oficina de correos proporcionaba un enlace con el mundo exterior, y luego unos pasos más te llevaban a una cabaña de madera, Grange Hall, que servía como punto focal de muchas funciones sociales.

El bar de la vecindad y la sala de baile estaban situados al otro lado de la calle de Teeland's, y desde allí, Rose y Oscar Johnson habían construido un sauna donde la gente también se reunía. La iglesia presbiteriana y la escuela quedaban a unas calles detrás del bar y servían a las familias de la región circundante.

Mis compañeros de clase incluían a Larry Teeland y Helen Carter, hija del jefe de la oficina de correos. Eran los meros "chicos de la ciudad." Yo era un "chico de campo." Así que, incluso en la escuela, me sentía como un forastero con pocos amigos ya que iba a casa después de las clases en el autobús.

Un verano, papá trabajaba a medio tiempo en Teeland's para ganar dinero extra y yo fui a la ciudad con él para comprar un par de tenis. Varios compañeros de clase estaban en la tienda y me invitaron a la escuelita bíblica de vacaciones. Al no tener nada más que hacer antes de que el turno de papá terminara, fui con ellos.

No recuerdo mucho sobre la lección, excepto

que el maestro usó un tablero con figuras de fieltro para contar la historia de José y su túnica de muchos colores. Lo que más me atraía era el sentir de pertenecer, de ser parte de la clase, y no quería irme. A pesar de que me invitaron a regresar al día siguiente, no pude porque tenía tantos quehaceres en casa mientras estaba papá en el trabajo.

Pero ese recuerdo de pertenencia nunca me abandonó, y cuando pude conducir, le pregunté a mis padres si podíamos ir a la iglesia. Ya que habían sido criados católicos, comenzamos a asistir a la iglesia católica en Palmer.

Lamentablemente, el párroco viajaba a Palmer desde Anchorage para los servicios dominicales, y rara vez lograballegar durante el invierno o la primavera. Así que, muy a menudo, nuestros esfuerzos en prepararnos para viajar a Palmer eran frustrados por la noticia de que el servicio de la iglesia había sido cancelado. No pasó mucho tiempo antes de que dejáramos de ir del todo. Sin embargo, cuando asistíamos, nunca sentí el mismo sentido de pertenencia, aunque me convertí en monaguillo.

Asistí a la Universidad Metodista de Alaska en Anchorage y a menudo ayudaba a servir en la misa en el cercano Hospital de Providence. Sin embargo, el sentido de pertenencia me eludía. Luego, en la primavera durante mi último año de estudios, Bill Bright, fundador de la Cruzada Estudiantil y Profesional para Cristo, vino a hablar en nuestra universidad. Su discurso se centró en las cuatro leyes espirituales de la Cruzada y en la necesidad de invitar a Jesucristo a sentarse en el trono de nuestras vidas.[10]

Después de que terminó, me acerqué a él y le dije que estaba de acuerdo con su mensaje, pero quería ir al confesionario a limpiar mi "casa" antes de pedir a Cristo entrar y tomar el control. El Sr. Bright me aseguró que tales acciones eran innecesarias y me preguntó si había una habitación cercana donde pudiéramos orar.

En la pequeña sala de práctica de piano de la universidad, Bill me guió en oración y pedí a Jesucristo que entrara en mi vida y fuera mi Señor y Salvador. Esa noche, los sentimientos de integridad y pertenencia regresaron, y nunca me han abandonado.

Si no has hecho un compromiso similar con Jesucristo, mi deseo sincero es que lo hagas.

Preguntas de Estudio para Discusión

- ¿Cómo te identificas con la letra de "Sublime Gracia?"
- ¿Por qué tantas personas se consideran "buenas personas?"
    - ¿Cómo las "buenas personas" definen el pecado?
- ¿Cómo podemos servir a la ley de Dios con nuestra mente si seguimos sirviendo a la ley del pecado con nuestra carne (Romanos 7:25)
- Pablo dice que Jesús nació en semejanza de carne de pecado (Romanos 8:3). ¿Qué quería decir con esa declaración?
    - ¿Cómo podía Jesús condenar al pecado en la carne?
- ¿Por qué Dios no puede simplemente perdonarnos como un acto de Su gracia y misericordia?
- Describe lo que Pablo quiere decir cuando afirma que Jesús es nuestra propiciación (Romanos 3:25).
    - ¿Cómo cumplió la muerte de Cristo la justicia de Dios?
- ¿Cómo puede la muerte de un hombre, Jesús-contar por los pecados de toda la humanidad (Gálatas 2:20)?
- ¿Cómo podemos servir a la ley de Dios con nuestra mente sin estar frustrados por el pecado que "mora

en nosotros" (Romanos 7:20, 12: 1, 2)?

- ¿Cómo el caminar en la luz nos limpia de todo pecado (1 Juan 1: 5-9)?
- ¿Por qué es necesario nacer de nuevo para establecer una relación con Dios (Juan 3: 1-7)?
    - Recordando la definición de fe verdadera del capítulo anterior, ¿cómo puede una persona aceptar a Jesucristo como su Señor y Salvador por fe (Juan 3:16; 2 Pedro 3: 9)?
        - ¿Por qué es imperativo que invitemos a Jesucristo a ser el Señor de nuestras vidas, además de ser nuestro Salvador?

Siete
Caminando en el Camino

En el último capítulo, nos enfocamos en la importancia de establecer por la fe una relación con Cristo como el Señor de nuestras vidas. Jesús llamó a este comienzo espiritual "nacer de nuevo," un evento que representa los primeros momentos cuando emergemos de nuestra propia "crisálida" para comenzar una nueva vida de comunión con Dios.

El Señor le dijo a Noé que construyera un arca y le prometió a Abram que sería el padre de una multitud. Dios también tiene un plan definido, que cada uno de nosotros debe recibir por fe, tal como tuvo para Noé y Abram. Ese objetivo es mucho más que nuestra salvación. Todos tenemos un papel único que desempeñar en el reino de los cielos.

¿Cómo recibimos Su guía para poder estar seguros de Su plan para nosotros y vivir por él? Hay tres métodos que el Señor usa para ayudarnos en nuestro caminar con Él: la Biblia, la voz de Dios y Su paz.

> *Hay tres métodos que el Señor usa para ayudarnos en nuestro caminar con Él: la Biblia, la voz de Dios y Su paz.*

La Biblia

Éste era uno de mis textos favoritos en hebreo cuando yo

era un joven cristiano.

> "Como estuve con Moisés, estaré contigo; no te dejaré ni te desampararé. Esfuérzate y sé valiente, porque tú repartirás a este pueblo como heredad la tierra que juré dar a sus padres. Solamente esfuérzate y sé muy valiente, cuidando de obrar conforme a toda la Ley que mi siervo Moisés te mandó; no te apartes de ella ni a la derecha ni a la izquierda, para que seas prosperado en todas las cosas que emprendas. Nunca se apartará de tu boca este libro de la Ley, sino que de día y de noche meditarás en él, para que guardes y hagas conforme a todo lo que está escrito en él, porque entonces harás prosperar tu camino y todo te saldrá bien. Mira que te mando que te esfuerces y seas valiente; no temas ni desmayes, porque Jehová, tu Dios, estará contigo dondequiera que vayas" (Josué 1: 5-9, *énfasis mío*).

Josué fue discípulo de Moisés durante todo el Éxodo y fue testigo directo de cómo el Señor orientó a Moisés. Ahora, el manto de liderazgo había pasado a Josué, y él enfrentó al intimidante desafío de traer a los hijos de Israel a la Tierra Prometida para poseerla en cumplimiento de la promesa de Dios a Abraham. Toda la capacitación del mundo no lo hubiera preparado para la realidad de saber que Moisés ya no estaba allí para apoyarlo.

Las nuevas responsabilidades de Josué sin duda lo abrumaron porque Dios le animó más de una vez a ser fuerte y valiente. Además, el Señor le recordó que debía meditar en el Libro de la Ley de Moisés para tener éxito donde quiera que fuera. Pese a que el Señor estaría con él como estaba con

Moisés, Josué sabía que debía tener el máximo cuidado de observar todo lo escrito en la Ley para poder prosperar y tener éxito en las tareas futuras.

Desafortunadamente, si leemos este texto a través del filtro del conocimiento del bien y del mal que heredamos de Adán, reducimos el Libro de la Ley de Moisés a una recopilación de reglas y ordenanzas divinas a seguir explícitamente para poder vivir una vida victoriosa. Las Escrituras son fundamentales. Sin ellas, estaríamos construyendo nuestra relación con el Señor basada en nuestro propio entendimiento.

Sin embargo, son mucho más que requisitos legales que hay que observar religiosamente. Moisés se dio cuenta de que los israelitas llegarían a esta conclusión equivocada y posteriormente a creer que obedecer tantos estatutos sería una tarea desalentadora, si no imposible. Así que, cuando terminó de inscribir la Ley por segunda vez, Moisés se dirigió a ellos con estas palabras.

> "Porque este mandamiento que yo te ordeno hoy no es demasiado difícil para ti, ni está lejos de ti. No está en el cielo, para que digas: '¿Quién subirá por nosotros al cielo, nos lo traerá y nos lo hará oír para que lo cumplamos?' Ni está al otro lado del mar, para que digas: '¿Quién pasará por nosotros el mar, para que nos lo traiga y nos lo haga oír, a fin de que lo cumplamos?' Pues muy cerca de ti está la palabra, en tu boca y en tu corazón, para que la cumplas (Deuteronomio 30: 11-14, *énfasis mío*).

Si el último versículo te suena conocido, es porque se refleja en el pasaje de Romanos citado en el capítulo anterior.

> Si confiesas *con tu boca* que Jesús es el Señor y *crees en tu corazón* que Dios lo levantó de entre los muertos, serás salvo, porque con el corazón se cree para justicia, pero con la boca se confiesa para salvación (Romanos 10: 9, 10, *énfasis mío*).

De manera conjunta, podemos ver la razón principal por la que Moisés registró que la Ley era para instar a la gente a buscar y encontrar una relación con Dios a través de la fe. Cualquier intento de obedecer todos los requisitos legales de la Ley daría lugar a la comprensión de que el cumplimiento total era imposible (Romanos 3:20). Una vez que alguien reconociera que la rectitud no puede obtenerse mediante la obediencia a las demandas legales de la Ley, el individuo podría aspirar a ser considerado recto por la fe de una manera similar a Abraham.

Las Escrituras son fundamentales. Sin ellas, estaríamos construyendo nuestra relación con el Señor basada en nuestro propio entendimiento.

Jesús aclaró el enfoque de la Ley cuando un fariseo le pidióque identificara el mandamiento más grande. El esperaba que Cristo respondiera con uno de los estatutos codificados. Jesús fue mucho más lejos.

> Entonces los fariseos, cuando oyeron que había hecho callar a los saduceos, se reunieron. Y uno de ellos, intérprete de la

> Ley, preguntó para tentarlo, diciendo: —Maestro, ¿cuál es el gran mandamiento en la Ley? Jesús le dijo: —"Amarás al Señor tu Dios con todo tu corazón, con toda tu alma y con toda tu mente." Éste es el primero y grande mandamiento. Y el segundo es semejante: "Amarás a tu prójimo como a ti mismo." <u>De estos dos mandamientos dependen toda la Ley y los Profetas</u>. (Mateo 22: 34-40, *énfasis mío*).

Aquí está la apreciación de Pablo acerca de la Biblia.

> Toda la Escritura es inspirada por Dios[1] y útil para enseñar, para redargüir, para corregir, para instruir en justicia (2 Timoteo 3:16).

Otra función de la Escritura se encuentra en los Salmos.

> Lámpara es a mis pies tu palabra y lumbrera a mi camino (Salmo 119: 105).

Hoy, podemos dar un paseo afuera luego del anochecer con la ayuda de una linterna o de las lámparas de la calle. En el pasado no muy lejano, la gente llevaba un farol. Si la lámpara iluminaba la oscuridad con una vela o una mecha de aceite, a menudo era suspendida por una cuerda para que pudiera estar cerca del suelo. La luz de este dispositivo ayudaba a la persona a ver el camino justo en frente de sus pies. Pero no brillaba más que unos cuantos pasos por delante.

Del mismo modo, la Biblia ilumina nuestro camino espiritual revelando una instrucción o una persona con la que podemos identificarnos, afianzando nuestra relación con Dios. Sin embargo, no revela la intención específica del Señor a largo plazo para cada uno de nosotros. Él revela ese plan comunicándolo como lo hizo con aquellos en las Escrituras que creyeron en él.

La Voz de Dios

> Confía en Jehová con todo tu corazón y no te apoyes en tu propia prudencia. Reconócelo en todos tus caminos y él hará derechas tus veredas (Proverbios 3:5).

Recordando la definición de la fe de los capítulos anteriores, confiar en el Señor con todo nuestro corazón es otra manera de expresar nuestra creencia incondicional en las promesas de Dios para nosotros. La alternativa sólo nos esclavizará a la ley del pecado y de la muerte porque nuestro propio entendimiento está corrompido por el conocimiento del bien y del mal que heredamos de Adán. Pensando en Él en todos nuestros caminos, continuamos afirmando Su Señorío en nuestras vidas. Pero, ¿cómo recibimos la guía que es esencial para nuestro caminar con Él, y cómo allana Él nuestros caminos?

En el Antiguo Testamento, Dios habló a través de "la palabra del Señor" a varios individuos más de doscientas cincuenta veces. En el Nuevo Testamento, Dios se comunica con nosotros a través de Su Hijo Jesucristo.

"Mis ovejas oyen mi voz y yo las conozco, y me

> siguen; yo les doy vida eterna y no perecerán jamás, ni nadie las arrebatará de mi mano" (Juan 10:27, 28, énfasis mío).

"Mis ovejas *oyen mi voz. . .* Y me siguen." La habilidad de percibir Su voz nos permite seguirlo. Jesús no requiere un cierto nivel de espiritualidad antes de que podamos reconocer Su voz. Su único criterio: debemos ser Sus ovejas. Sin embargo, requiere tiempo familiarizarnos con Él lo suficiente para que podamos identificar Su voz cuando Él nos habla. De hecho, usted puede estar escuchando Su voz, sin reconocerla (ver 1 Samuel 3: 4-14).

> *"Mis ovejas* oyen mi voz. . . *Y me siguen." La habilidad de percibir Su voz nos permite seguirlo. Jesús no requiere un cierto nivel de espiritualidad antes de que podamos reconocer Su voz. Su único criterio: debemos ser Sus ovejas.*

Echemos un vistazo a "la palabra del Señor" donde primero se revela: en Génesis 15: 1-4 (*énfasis mío*).

> Después de estas cosas vino la palabra de Jehová a Abram en visión, diciendo: —"No temas, Abram, yo soy tu escudo, y tu recompensa será muy grande." Respondió Abram: —"Señor Jehová, ¿qué me darás, si no me has dado hijos y el mayordomo de mi casa es ese Eliezer, el damasceno?"... Luego vino a él palabra de Jehová, diciendo: —"No te heredará éste, sino que un hijo tuyo será el que te herede."

Palabra es singular a pesar de que el Señor compartió más de una palabra con Abram. En otros pasajes donde se encuentra esta frase, la "palabra" se refiere a una oración o dos, y hasta decenas de oraciones (Ver Jeremías 2: 1-3: 5).

Además, "la palabra del Señor" *vino* a Abram ya Jeremías. Esto puede parecer una forma bastante extraña de describir un mensaje audible. Aunque Jesús dijo: "Mis ovejas *oyen* mi voz," no debemos suponer automáticamente que *percibiremos* su voz exactamente como lo haríamos cuando otra persona nos habla. Dios es Espíritu y todo el que lo adora debe hacerlo en espíritu y en verdad (Juan 4:24).

Es más, Jesús dijo a Sus discípulos en la Última Cena:

> "Pero cuando venga el Espíritu de verdad, él os guiará a toda la verdad, porque no hablará por su propia cuenta, sino que hablará todo lo que oiga y os hará saber las cosas que habrán de venir" (Juan 16:13, *énfasis mío*).

Podemos concluir que el Espíritu nos relata lo que Él recibe, el Espíritu de Dios a nuestro espíritu, y nos declara lo que está por venir. Nuestros "oídos para oír"[2] son los oídos de nuestro espíritu, no nuestros oídos físicos

Cuando la palabra del Señor viene a mí, es como si Su conocimiento o visión se hiciera de pronto evidente. Sé que es de Dios porque siempre está acompañada por tranquilidad y la convicción de su veracidad.[3] Él comparte una revelación de una manera similar que la información se muestra en una pantalla de computadora. Su sabiduría no viene a mi mente en serie como si fuera algo hablado, sino que está toda ahí a la misma vez.

* * * * *

Testimonios Personales

Miriam se graduó con un título de grado en ejecución del piano de la Universidad Metodista de Alaska en Anchorage. Debido a que su recital final de piano en enero era parte de la serie de conciertos cívico-universitarios pagados, ella tenía una presión adicional para hacer una interpretación de nivel profesional.

El programa incluía más de un centenar de páginas de música nueva que había que memorizar ese año escolar. Para prepararse adecuadamente, ella se presentó ante varios grupos a principios de enero.

La Sonata No. 2 en sol menor, Op. 22 de Schumann era una de las piezas a interpretar, y Miriam no podía tocar una sección en la tercera página del último movimiento sin detenerse. Estaba aterrorizada de titubear durante su concierto.

La noche de la presentación, todo iba bien hasta que comenzó a tocar la pieza de Schumann. A medida que se acercaba al temido pasaje, se asustaba más de la posibilidad de detenerse. En ese momento, el Señor le habló, diciendo: "Relájate, yo tocaré para ti." ¡Así que ella vació su mente y navegó hasta el final de la tercera página! Nadie en la audiencia lo sabía.

Al final del concierto, Miriam agradeció a sus padres y maestros. Luego, ella agradeció al Señor Jesucristo por ayudarla.

* * *

Miriam y yo empezamos a salir, después de haber entregado mi vida a Cristo, y asistíamos a la Primera Iglesia Presbiteriana en Anchorage, donde ella era miembro. Después de la graduación, ambos conseguimos trabajos de verano. Ella trabajaba como recepcionista en la iglesia, y yo trabajé como banderero con una cuadrilla que re pavimentaba la carretera Glenn Highway desde Palmer hasta la frontera de Alaska. Los días de verano son largos en Alaska y nuestro trabajo de construcción implicaba trabajar días de doce horas, seis días a la semana.

Un martes por la mañana en junio, mi sitio de bandera estaba en el puente sobre el arroyo de Moose Creek a unos diez kilómetros de Palmer. Había empezado a llover y yo no me había percatado de nada hasta que el conductor del coche escolta que dirigía el tráfico a través del sitio de construcción mencionó que sólo parecía estar lloviendo en el puente. Mirando hacia atrás a lo largo de la fila de vehículos detenidos, pude ver que sólo los coches cerca del puente tenían los limpiaparabrisas encendidos.

Esa lluvia fue mi encuentro con "la zarza ardiente," porque tan pronto como pasó la fila de coches y yo detuve la siguiente cola de tráfico, el Señor me habló: "Recoge una piedra de la orilla del río e intenta limpiarla." Lo hice, y Él continuó: "Ahora, suelta la piedra en el arroyo." Después de unos momentos, Él dijo, "Recógela y verás que tus mejores esfuerzos no podían igualar lo limpia que está la piedra ahora. No importa cuánto intente una persona purificar su vida, sus intentos no pueden compararse a la limpieza de mi Río de Vida."

"Mira los árboles de álamo que cubren la orilla. Son mucho más altos y saludables porque hunden sus raíces profundamente en el suelo húmedo. Quédate cerca de Mí y planta tus raíces profundamente en mi tierra, porque te estoy llamando a llevar a otros a mi Río de Vida en Jesucristo."

Eché un vistazo a mi reloj: eran las 10 a.m.

Esa noche en mi casa en Palmer, escribí una carta a nuestro pastor diciéndole que el Señor me había llamado para a llevar a otros a Jesucristo, y yo quería conversar sobre eso con él después del servicio dominical. También le pedí que no compartiera esta información con Miriam porque quería decírselo yo mismo.

El domingo, luego de recogerla estábamos en camino a la iglesia, y ella me preguntó si el Señor me había llamado a ser un pastor. Sorprendido, pensé, *Nuestro pastor no puede guardar un secreto*. Me sorprendió aún más cuando ella me contó cómo lo sabía.

"El martes es mi día libre," dijo. "Esa mañana, a eso de las 10a.m., estaba tomando té con mi madre y le dije: 'Creo que Dios está llamando a Bill al ministerio.'"

* * *

Linda, una de las ancianas de nuestra iglesia en Montesano, Washington, fue diagnosticada con cáncer de ovario. Durante la cirugía, el médico extrajo los ovarios, el útero y las trompas de Falopio. Después de la operación en Aberdeen, el médico le dijo a su marido que nunca había visto un caso más agresivo. De hecho, había enviado muestras a Seattle para un mayor análisis. Los resultados estarían de vuelta en una semana. Mientras tanto, Linda podía ir a casa después de su recuperación en el hospital.

Varios días después, vi al esposo de Linda caminando por la acera hacia nuestra casa. Miriam también lo vio y, desde la cocina, ella dijo, "Los tumores se fueron malignos, pero regresaron benignos." El tocó a nuestra puerta y cuando abrí, su rostro brillaba. "¡El laboratorio de Seattle dijo que Linda no tiene cáncer! Los resultados de sus pruebas fueron todos benignos."

* * *

Mi hermana Valerie sufrió la mayor parte de su vida con hinchazón, pérdida de peso y vómitos. Ella recibió tratamiento tanto en Anchorage como en Seattle y se le dijo que la enfermedad estaba en gran parte en su cabeza.

Hace tres años, el Señor me dijo que ella tenía enfermedad celíaca. Le animé a eliminar el gluten de su dieta durante un mes y ver si su condición mejoraba.

Cuatro días más tarde, ella llamó para decirme

que su apetito había regresado. Durante el mes siguiente, sus otros problemas médicos comenzaron a recuperarse, especialmente los vómitos. Su médico, sin embargo, desestimó su explicación, diciendo que un cambio de humor había provocado la reducción de los síntomas.

Recientemente, sin embargo, después de su última colonoscopia y la extirpación de un pólipo, otro médico dijo que las pruebas revelaron que tenía enfermedad celíaca. Él recomendó quitar el gluten de su dieta.

* * * * *

Comparto estas experiencias contigo para resaltar el hecho de que Dios todavía se comunica con nosotros hoy como lo hizo en los tiempos bíblicos. Miriam y yo no podríamos haber recibido aquel nivel de guía meditando en las Escrituras. La palabra del Señor es un componente esencial de nuestro caminar con Él.

La Paz de Dios

La palabra del Señor, sin embargo, rara vez es una ocurrencia diaria. El tercer componente es la paz de Dios. Tan pronto como Isaac tuvo edad suficiente para casarse, Abraham envió a su siervo de mayor confianza a sus parientes en la ciudad de Nahor en Mesopotamia para encontrar una compañera para su hijo.

Dios previamente le dijo a Abraham que su linaje sería descendiente de Isaac (Génesis 21:12). Creyendo que el Señor bendeciría sus esfuerzos por conseguir un cónyuge adecuado, él comisionó a su siervo.

> Jehová, Dios de los cielos, que me tomó de la casa de mi padre y de la tierra de mi parentela, y que me habló y me juró, diciendo: "A tu descendencia daré esta tierra," él enviará su ángel delante de ti, para que tú traigas de allá mujer para mi hijo. (Génesis 24:7).

No hay ninguna indicación de que el ángel se comunicara con su sirviente durante su viaje. Sin embargo, cuando él encontró a Rebeca y a su familia, inmediatamente supo qué decirles.

> "Bendito sea Jehová, Dios de mi amo Abraham, que no apartó de mi amo su misericordia y su verdad, y que me ha guiado en el camino a casa de los hermanos de mi amo" (Génesis 24:27, *énfasis mío*).

¿Cómo sabía el siervo que Dios lo estaba guiando *en el camino*? Jesús da una respuesta con estas palabras a sus discípulos.

> Pero el Consolador, el Espíritu Santo, a quien el Padre enviará en mi nombre, él os enseñará todas las cosas y os recordará todo lo que yo os he dicho. "La paz os dejo, mi paz os doy; yo no os la doy como el mundo la da. No se turbe vuestro corazón ni tenga miedo" (Juan 14:26-27, *énfasis mío*).

Sus discípulos enfrentarían muchos desafíos

desalentadores en los meses y años venideros. Algunos de esos nuevos obstáculos serían aterradores y servirían para disuadirlos de predicar el Evangelio. Aunque el Espíritu Santo les recordaría todo lo que Jesús les había dicho, esas palabras dichas en contextos anteriores poco podrían ayudarles en su situación actual. Por eso Cristo les dio su paz para apaciguar sus corazones atribulados. ¿Cómo podría Su paz superar a sus temores?

Pablo también enfrentó obstáculos aparentemente insuperables, y experimentó de primera mano la paz del Señor.

> El Señor está cerca. Por nada estéis angustiados, sino sean conocidas vuestras peticiones delante de Dios en toda oración y ruego, con acción de gracias. Y la paz de Dios, que sobrepasa todo entendimiento, guardará vuestros corazones y vuestros pensamientos en Cristo Jesús (Filipenses 4:5-7).

Pablo nos asegura que no necesitamos preocuparnos de nada porque el Señor está con nosotros *en la circunstancia que estamos enfrentando*. En lugar de estar ansiosos, nos anima a presentar nuestras peticiones a Dios por medio de la oración y ruego, con acción de gracias. Si lo hacemos, la paz de Dios, la misma paz que Cristo prometió a Sus discípulos, guardará[4] nuestros corazones y pensamientos en Cristo Jesús.

La paz de Dios, uno de los frutos del Espíritu (Gálatas 5:22, 23), "no es como el mundo la da." Sobrepasa todo entendimiento porque la paz normal se va cuando las cosas se vuelven traumáticas.

La ansiedad es una señal de que no tenemos solución para una situación dada. La preocupación también puede resultar de nuestros repetidos intentos de encontrar un remedio por nuestra cuenta.

La paz de Cristo es como el árbitro en un deporte de equipo que hace sonar su silbato sólo cuando un participante se sale de los límites o ejecuta una maniobra no permitida por las reglas. El árbitro es el guardián o protector de la conducta del juego.

Mientras estamos "caminando en el camino," la paz de Cristo permanece en nuestros corazones y pensamientos, guardándonos y protegiéndonos de la preocupación y la ansiedad que normalmente acompañan a un ambiente estresante. Si Su paz nos abandona y comenzamos a sentirnos ansiosos sobre los próximos pasos a tomar, debemos evitar nuestra tendencia innata a resolver el problema nosotros mismos. En cambio, Él restaurará Su paz si le presentamos nuestras peticiones a través de la oración, dándonos cuenta de que, afortunadamente, Él está allí con nosotros.

La paz de Cristo es como el árbitro en un deporte de equipo que hace sonar su silbato sólo cuando un participante se sale de los límites o ejecuta una maniobra no permitida por las reglas. El árbitro es el guardián o protector de la conducta del juego.

Volvamos al siervo de Abraham. Aquel hombre sabía cómo viajar a la ciudad de Nahor en Mesopotamia. Entendía que las costumbres de la región esperaban que las mujeres trajeran agua para sus familias. Esas mismas tradiciones también requerían que los residentes ofrecieran hospitalidad a los extraños.[5] Así que, si él se quedaba en el pozo, seguramente encontraría mujeres que le serían hospitalarias.

Él no sabía cómo encontrar a los parientes de Abraham o cuál sería la elección de Dios para Isaac. Pero en vez de pasar el día en el pozo haciendo preguntas a todos los que vinieran, hizo esta petición al Señor.

> "Jehová, Dios de mi señor Abraham, haz, te ruego, que hoy tenga yo un buen encuentro, y ten misericordia de mi señor Abraham. Aquí estoy junto a la fuente de agua, cuando salen a buscar agua las hijas de los hombres de esta ciudad. Sea, pues, que la muchacha a quien yo diga: "Baja tu cántaro, te ruego, para que yo beba," y ella responda: "Bebe, y también daré de beber a tus camellos," que sea ésta la que tú has destinado para tu siervo Isaac. En esto conoceré que has hecho misericordia con mi señor" (Génesis 24:12-14).

Él no sabía cómo encontrar a los parientes de Abraham o cuál sería la elección de Dios para Isaac.

El siervo acababa de terminar de orar cuando Rebeca vino del pozo con un jarrón de agua en el hombro. Cuando le pidió un trago, ella respondió que también le daría a sus camellos, ¡una tarea enorme ya que cada uno de sus diez camellos podía consumir hasta ciento quince litros![6]

No hay ninguna indicación de que Rebeca le pidiera al Señor algo especial ese día. Ella sólo hacía lo que había hecho casi todos los días. Para el observador ocasional, ella *pasó junto al siervo de Abraham en el preciso momento en que él concluyó su oración*. Para el siervo, su petición y la respuesta de ella le aseguraron que había sido elegida por Dios para Isaac. La paz de Dios, precipitada por esta respuesta a su oración, le permitió decir: "En cuanto a mí, el Señor me ha guiado *en el camino* a la casa de los parientes de mi amo." De igual manera, el Señor utiliza Su paz para aconsejarnos mientras caminamos *por el camino*.

Sufrimiento

> Desde entonces comenzó Jesús a declarar a sus discípulos que le era necesario ir a Jerusalén y padecer mucho a manos de los ancianos, de los principales sacerdotes y de los escribas, y ser muerto, y resucitar al tercer día. Entonces Pedro, tomándolo aparte, comenzó a reconvenirlo, diciendo: —Señor, ten compasión de ti mismo. ¡En ninguna manera esto te acontezca! Pero él, volviéndose, dijo a Pedro: —¡Quítate de delante de mí, Satanás! Me eres tropiezo, porque no pones la mira en las cosas de Dios, sino en las de los hombres (Mateo 16:21-23, *énfasis mío*).

A nadie le gusta sufrir[7] porque, al igual que Pedro, no lo vemos como beneficioso para nuestro andar en el camino. Esta mentalidad sólo destaca nuestra confianza en el conocimiento del bien y el mal que heredamos de Adán.

Una de las razones por las que Cristo nos ofrece Su paz es para contrarrestar la persecución que enfrentaremos por nuestra lealtad a Él. Sin su seguridad, nuestra inclinación natural será abandonar el Evangelio para evitar el sufrimiento.

> A vosotros os es concedido a causa de Cristo, no sólo que creáis en él, sino también que padezcáis por él, 30 teniendo el mismo conflicto que habéis visto en mí y ahora oís que hay en mí (Filipenses 1:29-30).

> Y también todos los que quieren vivir piadosamente en Cristo Jesús padecerán persecución (2 Timoteo 3:12).

Después de que su encuentro con Cristo en el camino a Damasco lo dejó temporalmente ciego, Pablo fue llevado a una casa en la ciudad. El Señor se le apareció a Ananías en una visión.

> "Levántate y ve a la calle que se llama Derecha, y busca en casa de Judas a uno llamado Saulo, de Tarso, porque él ora, y ha visto en visión a un hombre llamado Ananías, que entra y pone las manos sobre él para que recobre la vista… Ve, porque instrumento escogido me es éste para llevar mi nombre en presencia de los gentiles, de reyes y de los hijos de Israel, porque yo le mostraré cuánto le es necesario padecer por mi nombre" (Hechos 9:11-16 *énfasis mío*).

Siempre he admirado la profundidad del conocimiento y la sabiduría que Pablo comparte con nosotros a través de sus cartas. El no adquirió esta comprensión en la escuela rabínica. Fue forjada en el crisol de su experiencia y la adversidad.

Una mirada superficial a 2 Corintios 11: 16-12: 10 muestra la extensión del tumultuoso"andar en el camino" de Pablo. ¡Él incluso fue apedreado (Hechos 14:19, 20)! Pablo termina esta letanía en 2 Corintios con el relato de un hombre que fue atrapado en el paraíso y oyó cosas que no se pueden decir y que no se pueden pronunciar. Debido a que su experiencia cercana a la muerte fue tan increíblemente profunda, él escribió:

> Me fue dado un aguijón en mi carne, un mensajero de Satanás que me abofetee, para que no me enaltezca; respecto a lo cual tres veces he rogado al Señor que lo quite de mí. Y me ha dicho: "Bástate mi gracia, porque mi poder se perfecciona en la debilidad." Por tanto, de buena gana me gloriaré más bien en mis debilidades, para que repose sobre mí el poder de Cristo. Por lo cual, por amor a Cristo me gozo en las debilidades, en insultos, en necesidades, en persecuciones, en angustias; porque cuando soy débil, entonces soy fuerte (2 Corintios 12:7-10 *énfasis mío*).

Pablo pidió tres veces que se le quitara este impedimento porque quería presentarse de la mejor manera posible cuando compartía el evangelio. Pero el Señor le dijo a Pablo que, si confiaba en sus propias fuerzas naturales, impediría que Cristo que vivía dentro de él manifestara *Su poder*.

Esta es una lección difícil de aprender porque cuando compartimos nuestras faltas y debilidades es probable que nos sintamos desnudos y abiertos al ridículo, al desprecio, e incluso a la persecución. Pero al hacerlo, Las personas pueden relacionarse más fácilmente con nosotros como seres humanos defectuosos que son mas, en vez de menos, parecidos a ellos. Esto permite al Espíritu Santo destacar las áreas donde *ellos*están desnudos y aumentar sus aspiraciones de vestirse con la justicia de Cristo.

> Pero el *Señor le dijo a Pablo que, si confiaba en sus propias fuerzas naturales, impediría que Cristo que vivía dentro de él manifestara* Su poder.

Santiago comparte otro beneficio cuando nos encontramos con diferentes tipos de pruebas.

> Hermanos míos, gozaos profundamente cuando os halléis en diversas pruebas, sabiendo que la prueba de vuestra fe produce paciencia. Pero tenga la paciencia su obra completa, para que seáis perfectos y cabales, sin que os falte cosa alguna (Santiago 1:2-4 *énfasis mío*).

Otra palabra para paciencia es la entereza, y la disciplina obtenida de las pruebas que enfrentamos que prueban nuestra fe produce entereza. El objetivo de esta disciplina es moldear nuestro carácter para volvernos más resistentes, valientes y expertos en todos los aspectos de la vida.

Caminando en el Camino

> Haya, pues, en vosotros este sentir que hubo también en Cristo Jesús: Él, siendo en forma de Dios, no estimó el ser igual a Dios como cosa a que aferrarse, sino que se despojó a sí mismo, tomó la forma de siervo y se hizo semejante a los hombres. Mas aún,

> hallándose en la condición de hombre, se humilló a sí mismo, haciéndose obediente hasta la muerte, y muerte de cruz. Por eso Dios también lo exaltó sobre todas las cosas y le dio un nombre que es sobre todo nombre... Por tanto, amados míos, como siempre habéis obedecido, no solamente cuando estoy presente, sino mucho más ahora que estoy ausente, ocupaos en vuestra salvación con temor y temblor, porque Dios es el que en vosotros produce así el querer como el hacer, por su buena voluntad. Haced todo sin murmuraciones ni discusiones, para que seáis irreprochables y sencillos, hijos de Dios sin mancha en medio de una generación maligna y perversa, en medio de la cual resplandecéis como lumbreras en el mundo (Filipenses 2:5-15, *énfasis mío*).

Jesús es nuestro ejemplo de cómo andar en el camino. Pablo recordó a los Filipenses que Cristo no anhelaba ninguna ambición egoísta, sino que se humilló a sí mismo hasta la muerte en la cruz y fue exaltado por Su Padre por completar con éxito Su papel en la historia de la salvación. Pablo les pidió a aquellos que leían su carta que siguieran el ejemplo de Cristo y se ocuparan en su propio diario vivir de salvación, su propia caminata en el camino, con temor y temblor. No lograrían eso por su propia cuenta. Dios estaría realizando la obra real en ellos, dándoles tanto la voluntad como la habilidad para cumplir Su beneplácito.

Una mirada rápida a la parte de Noé en el plan de Dios nos permitirá entender mejor por qué Pablo añadió la frase "con temor y temblor." Noé era un hombre justo en una generación corrupta y perversa. El Señor le pidió que construyera un arca de 300 codos de largo, 50 codos de ancho, y 30 codos de alto. Si convertimos esas medidas en metros, ¡esa barcaza medía 150 metros de largo, 25 de ancho y 15 de alto, una y media veces la longitud de un campo de fútbol!

Hecha de madera tallada, que probablemente tardó años en completarse y era tan enorme, que sólo se podía ensamblarse al aire libre a la vista de todos. No es difícil imaginar los insultos, las burlas y las amenazas que Noé y su familia recibían constantemente de los que vivían cerca.

¿Cómo podría mantener su enfoque frente a los continuos insultos año tras año? Respuesta: Él caminó con Dios (Génesis 6: 9).

> El temor de Jehová es el principio de la sabiduría; el conocimiento del Santísimo es la inteligencia (Proverbios 9:10).

El temor del Señor es el *principio* de la sabiduría, un temor reverente que permitió a Noé saber que el Dios que él adoraba era capaz de cumplir todo lo que Él reveló, incluyendo traer una inundación lo suficientemente grande como para destruir a todos los habitantes de la tierra.

¿Qué habría pasado si Noé dejara de construir el arca por temor a lo que sus vecinos podrían hacerle a él y a su familia? Su caminar con el Dios Santo le dio la paz y la seguridad para realmente ocuparse en su propia salvación con temor y temblor (Filipenses 2:12).

Además, el Señor le dio a Noé la visión para apreciar cómo su vida intachable e inocente brilló como una luz en medio de su generación torcida y depravada (parafraseando a Filipenses 2:15).

> *¿Qué habría pasado si Noé dejara de construir el arca por temor a lo que sus vecinos podrían hacerle a él y a su familia?*

Pablo nos aconseja que sigamos el ejemplo de Cristo para no buscar ninguna ambición egoísta que nos disuada del modelo único que Dios está revelando a cada uno de nosotros mientras caminamos con Él. Si nos humillamos, Él nos dará tanto el deseo como la habilidad para implementar Su beneplácito. Él también nos establecerá como faros de luz en nuestro mundo tan desesperadamente necesitado de Su salvación.

Es mi oración que experimentes las tres maneras en que el Señor nos guía para que seas guiado más eficazmente por el Espíritu mientras andas por el camino.

Preguntas de Estudio para Discusión

- ¿Por qué la Biblia es el fundamento para entender nuestra relación con Dios (Josué 1: 5-9; 2 Timoteo 3: 15-17)?
    - ¿Por qué no es la única fuente de guía para los creyentes (Salmo 119: 105)?
- ¿Por qué es importante que podamos reconocer la voz de Dios (Juan 10:27, 28)?
    - ¿Son nuestros "oídos para oír" la palabra del Señor nuestros oídos físicos o los oídos de nuestro espíritu (Génesis 15: 1-4, Mateo 11:15, 13: 9, 43, Apocalipsis 2: 7)?
- La "palabra del Señor" rara vez es una ocurrencia diaria. ¿Cómo nos guía la paz de Dios mientras andamos en el camino (Génesis 24:27, Juan 14:26, 27, Filipenses 4: 5-7)?
    - ¿Qué roles juegan la preocupación y la ansiedad mientrasandamos por el camino?
    - ¿Por qué la paz de Dios es tan importante cuando sufrimos (Hechos 9: 11-16, Filipenses 1:29, 30; 2 Timoteo 3:12)?
- ¿Cómo podemos ser fuertes cuando somos débiles (2 Corintios 12: 7-10)?
    - ¿Ayuda a otros a relacionarse más fácilmente

con nosotros?

- ¿Hay algún beneficio para nosotros cuando nos encontramos con diferentes tipos de pruebas (Santiago 1: 2-4)?
- ¿Cómo es Cristo nuestro ejemplo para andar en el camino (Filipenses 2: 5-15)?
    - ¿Cómo nos ayuda el temor del Señor a andar por el camino (Proverbios 9:10)?
        - ¿Cómo es nuestro caminar un testimonio para los demás?

Ocho
No Luchamos contra Carne y Sangre

> Por lo demás, hermanos míos, fortaleceos en el Señor y en su fuerza poderosa. Vestíos de toda la armadura de Dios, para que podáis estar firmes contra las asechanzas del diablo, porque no tenemos lucha contra sangre y carne, sino contra principados, contra potestades, contra los gobernadores de las tinieblas de este mundo, contra huestes espirituales de maldad en las regiones celestes. Por tanto, tomad toda la armadura de Dios, para que podáis resistir en el día malo y, habiendo acabado todo, estar firmes (Efesios 6:10-13, *énfasis mío*).

El Otro Adversario

Parte de la razón por la que enfrentamos persecución cuando compartimos nuestro compromiso con Cristo es que Satanás, el príncipe de este mundo, está detrás de gran parte de la opresión. Digo esto porque es fácil centrarse en los individuos que nos resisten en lugar del espíritu que los inspira.

> Él os dio vida a vosotros, cuando estabais muertos en vuestros delitos y pecados, en los cuales anduvisteis en otro tiempo, siguiendo la corriente de este mundo, conforme al príncipe de la potestad del aire, el espíritu que ahora opera en los hijos de desobediencia (Efesios 2:1, 2, *énfasis mío*).

Mi consejo para tratar con este otro adversario puede

encontrarse mejor en los siguientes textos.

> Sed sobrios y velad, porque vuestro adversario el diablo, como león rugiente, anda alrededor buscando a quien devorar. Resistidlo firmes en la fe, sabiendo que los mismos padecimientos se van cumpliendo en vuestros hermanos en todo el mundo (1 Pedro 5:8-9 *énfasis mío*).
>
> Someteos, pues, a Dios; resistid al diablo, y huirá de vosotros (Santiago 4:7, *énfasis mío*).
>
> Hijitos, vosotros sois de Dios y los habéis vencido, porque mayor es el que está en vosotros que el que está en el mundo (1 Juan 4:4, *énfasis mío*).

También te ofrezco el consejo de un sabio amigo cristiano que una vez me dijo: "No trate de sacar la oscuridad, sólo encienda la Luz." No intentaré "sacar la oscuridad" dedicando numerosas páginas a este tema. Como alternativa, terminaré este capítulo con algunos encuentros personales.

> *No trate de sacar la oscuridad, sólo encienda la Luz.*

* * * * *

Testimonios Personales

Satanás y sus secuaces a menudo acosaban a mi esposa y a mí poco después de que yo fui ordenado y comencé a servir al Señor como pastor. Por lo general nos molestaban los sábados por la noche cuando yo necesitaba una buena noche de descanso. Su técnica: un golpe constante en las paredes y manos descendiendo desde el techo. Estos disturbios nos mantenían despiertos la mayor parte de la noche. Cuando lográbamos dormir, Miriam a menudo se despertaba por mi agitación. Volviéndose, pudo verme luchando con una figura oscura que se cernía sobre mi cuerpo, y ella la reprendió.

A pesar de que ahuyentábamos a estos espíritus malignos, el librarnos de ellos no duraba mucho antes de que la conmoción regresara. Es decir . . . hasta que detectamos un patrón de su acoso. Todos los domingos, después de sus intentos por mantenernos despiertos la noche anterior, resultaron ser una verdadera bendición. La gente entregaba sus vidas a Cristo o asistía a nuestros servicios por primera vez y querían ser parte de nuestra congregación.

Una vez que reconocimos su comportamiento, supimos que nuestros visitantes no deseados, de alguna manera se habían percatado de los eventos del siguiente domingo y estaban orquestando estas travesuras para interrumpir nuestro sueño. La siguiente vez que empezaron las molestias, nos sentamos en la cama, les agradecimos por hacernos saber que el servicio de adoración sería especial, y les dijimos que no importaba si nos atormentaban toda la noche.

Al igual que niños traviesos pillados en el acto, el problema se detuvo.

* * *

Una tarde, mientras yo estaba en la oficina de la iglesia, Miriam decidió abrir nuestra puerta sin razón aparente. Cuando lo hizo, ahí estaba Satanás como un apuesto hombre joven vestido de negro. Aunque él ocasionalmente la miraba hacia el rostro, ella notó enseguida que sus ojos nunca se encontraban con los de ella. Ella no tuvo miedo y le reprendió: "¡Pobre, miserable criatura! Ni siquiera me puedes ver a los ojos!"

Tan pronto como Miriam dijo esto, fue como si una mano gigante lo empujara, y cayó de espaldas al suelo, que se abrió debajo de él. Mientras ella miraba, la tierra se lo tragó.

* * *

Una noche después de trabajar en el capítulo 7 de este libro, me arrastré hasta la cama y alargué la mano hasta apagar la luz.

De repente, todo se puso negro y fui envuelto

por una enorme forma oscura que se enrollaba a mi alrededor como una serpiente. Se apretó tan fuerte que no podía respirar, y sentí una vara del tamaño de un bastón que se empujaba en mi espalda.

Me di cuenta que estaba tratando de matarme porque cuanto más me esforzaba, más fuerte se enrollaba y empujaba el asta en mi espalda. Así que grité: "¡Te reprendo en el nombre de Jesucristo! Déjame a mí y a mi esposa en paz."

La fuerza amenazadora se fue inmediatamente, y le agradecí al Señor Su protección.

Preguntas de Estudio para Discusión

- Pablo nos dice que vistamos de toda la armadura de Dios, para que podamos estar firmes contra las asechanzas del diablo. ¿Es esta actitud una actitud defensiva u ofensiva (Efesios 6:10-13)?
    - ¿Cómo apoya Efesios 6: 13-18 tu conclusión?
    - ¿Por qué es importante reconocer que no tenemos guerra contra carne ni sangre cuando enfrentamos pruebas y persecución de los demás (Efesios 2: 1, 2)?
- Satanás ama la atención. ¿Estamos enfocándonos en él cuando intentamos ofensivamente de "ahuyentar la oscuridad?"
- Satanás es un adversario formidable (Job 1: 6-2: 10). Si él es tan poderoso y digno de nuestro respeto, ¿por qué no debemos temerle (Juan 16:33; Santiago 4: 7; 1 Juan 4: 4)?
- ¿Por qué encender la luz del Evangelioes la manera de Dios de derrotar a Satanás (Lucas 10: 1, 2, 9, 17-20)?

Nueve
Viviendo en el Reposo de Dios

> Fueron, pues, acabados los cielos y la tierra, y todo lo que hay en ellos. El séptimo día concluyó Dios la obra que hizo, y reposó el séptimo día de todo cuanto había hecho. Entonces bendijo Dios el séptimo día y lo santificó, porque en él reposó de toda la obra que había hecho en la creación (Génesis 2:1-3).

Este conocido texto dice que Dios terminó la creación en seis días y reposó en el séptimo. Luego bendijo el séptimo día y luego lo consagró en los Diez Mandamientos como un día para reposar de los trabajos y como un día santo para la adoración (Éxodo 20:8-11; 31:12-17).

El Reposo de Dios para Moisés

Pero hay más en el reposo de Dios que apartar un día para abstenerse de trabajar para adorarlo.

> Dijo Moisés a Jehová:Mira, tú me dices: "Saca a este pueblo," pero no me has indicado a quién enviarás conmigo. Sin embargo, tú dices: "Yo te he conocido por tu nombre y has hallado también gracia a mis ojos." Pues bien, si he hallado gracia a tus ojos, te ruego que me muestres ahora tu camino, para que te conozca y halle gracia a tus ojos; y mira que esta gente es tu pueblo.Jehová le dijo: "Mi presencia te acompañará y te daré descanso" (Exodo 33:12-14 *énfasis mío*).

Es fácil darse cuenta que Moisés estaba frustrado con "esta gente... tu pueblo." Le agradaba saber que había hallado favor con Dios. Pero desesperadamente necesitaba a alguien que le acompañara para mostrarle la manera de actuar del Señor. Dios prometió que siempre estaría disponible en medio de cada situación exasperante. Y para calmar su mente agobiada, Dios dijo que le daría *reposo* a Moisés.

Sin duda, El no estaba sugiriendo un día libre adicional o unas vacaciones para escaparse por un rato. El Señor estaba ofreciendo Su propio descanso. Dios no se fatiga ni se cansa de la manera como nosotros lo hacemos (Isaías 40:28). Por lo tanto, Su reposo tuvo que estar asociado con una postura o mentalidad que Moisés podría adoptar para hacer frente a las interminables circunstancias que los dos enfrentarían con esa generación de israelitas.

Dios los había liberado de Egipto con un despliegue de poder sin precedentes. Pero pronto se negarían a creer que Él podía ayudarles a entrar con éxito y poseer la tierra prometida a Abraham. El Salmo 95: 7-11 indica que ellos continuamente se desviaron y no aprendían Sus caminos y, como resultado, Dios juró que nunca lograrían Su descanso.

> *Sin duda, El no estaba sugiriendo un día libre adicional o unas vacaciones para escaparse por un rato. El Señor estaba ofreciendo Su propio descanso.*

Aquellos que residían en Canaán no presentaban un desafío tan significativo al Señor como las legiones de Faraón. Así que, el pueblo estaba, esencialmente, *sin fe*. Consideremos las circunstancias que rodean su rechazo al liderazgo de Dios para entender mejor por qué los israelitas nunca tuvieron acceso a Su descanso.

No hay Reposo para los Israelitas

Antes de que el Señor pidiera a Moisés que guiara a los hijos de Israel a Canaán, Él le pidió que enviara doce espías a inspeccionar la región y que regresaran con un informe. He aquí una mirada a esta incursión a través de los ojos de los habitantes.

* * * * *

El territorio entre Egipto y Canaán era un país de camellos. Las caravanas mercantes regularmente hacían rutas comerciales hacia y desde Egipto, las cuales servían a las más grandes y bien fortificadas ciudades cananeas (Éxodo 13:28).

Según Números 1: 1-46, Moisés contó a todos los varones de más de veinte años de edad que pudieran ir a la guerra. Su cuenta sumó 603.550 hombres. Puesto que Moisés no contó a mujeres, niños y hombres que no podían pelear, el número de israelitas en el desierto probablemente ascendía a mucho más de un millón.

Esta gigantesca población, que se movía lentamente a través del territorio, sería bastante evidente a cualquiera que viajara en la región. Su voluminosa presencia sería también algo inusual y tema de conversación entre los comerciantes de las caravanas.

Además, no es difícil imaginar que al menos algunos de estos comerciantes preguntaban a los israelitas acerca de su destino. Las observaciones que dedujeron de aquellos encuentros serían compartidas con sus clientes en Canaán, especialmente cuando se dieron cuenta de que los israelitas querían ocupar el mismo territorio que su Dios había prometido a sus antepasados.

Esta es alguna de la información que podría haber sido revelada a los cananeos.

- Los israelitas habían sido esclavos en Egipto y su Dios los liberó de lacontinua servidumbre mediante muchos milagros, que incluyeron matar a todos los primogénitos en Egipto de la casa del Faraón hasta la casa mas humilde;
- Su Dios los salvó de un batallón egipcio encargado de traerlos de vuelta. Lo hizo partiendo el Mar Rojo para que pudieran cruzar en seco. Cuando las tropas egipcias trataron de seguir, su Dios los ahogó cerrando

el océano sobre ellos;

- Su Dios había prometido a sus antepasados una herencia,ocupada en aquel tiempo por los cananeos, hititas, amorreos, ferezeos, heveos y jebuseos;
- Acamparon durante algún tiempo en el monte Sinaí, donde su Dios les dio Sus leyes. Él también descendió en la cima de la montaña envuelto en llamas acompañado por truenos, relámpagos y nubes espesas como el humo de un horno;
- Su Dios los alimentó en el desierto. Cada día, durante seis días cada semana, Él cubría la tierra con maná que sabía a obleas echas con miel. El pueblo reunía ese alimento para la comida de cada día y, de manera inexplicable, en el sexto día, Él proporcionaba suficiente para los siguientes dos días;
- Cada vez que se quedaban en un lugar sin agua, su líder golpeaba una roca con su bastón y su Dios hacía brotar una fuente de agua para que el pueblo y los animales bebieran;
- Cuando los israelitas se trasladaban de campamento a campamento, su Dios los guiaba

en una columna de nube durante el día y en una columna de fuego durante la noche;

- Esta multitud ahora estaba acampada en el desierto de Parán cerca de su frontera sur. Podían desplegar a más de seiscientos mil soldados y habían enviado doce espías a cruzarla frontera hacia Canaán.

Aunque vivían en grandes ciudades bien fortificadas, sus habitantes también poseían el conocimiento del bien y del mal. Los residentes compararon sus fortalezas y debilidades con las de los israelitas, de quienes habían oído hablar de parte de los comerciantes. Los hijos de los anaceos comprendían una pequeña parte de su población, hombres grandes y altos con una reputación formidable: "¿Quién puede estar delante de los hijos de Anac?" (Deuteronomio 9: 1-3).

¡Desafortunadamente, los descendientes de Anac no se compararían con más de seiscientos mil soldados y su Dios que los había librado de Faraón y sus ejércitos! Los dioses cananeos nunca demostraron nada que se comparara al Dios de los israelitas. Si Él prometió a sus antepasados aquella propiedad, los actuales ocupantes tendrían pocas posibilidades contra un asalto directo.

Podrían matar a los espías. Pero eso sólo enfurecería a los conquistadores. Así que, idearon un plan. Tal vez podrían intimidar a los espías y, por lo tanto, disuadir a los israelitas de invadir. Si los espías sólo encontraran a los Anaceos durante su expedición, podrían asustarse por la perspectiva de encontrarlos en la batalla. (En comparación, la altura de Goliat era de seis codos y un palmo, que se traduce a tres metros de alto, 1 Samuel 17:4.[1] El puede haber sido un remanente de los gigantes derrotados por los amonitas (Deuteronomio 2:20, 21) .En cualquier caso, los hijos de Anac se sobresalían entre los espías.

Así que, idearon un plan. Tal vez podrían intimidar a los espías y, por lo tanto, disuadir a los israelitas de invadir.

Un último componente de su estrategia: tan pronto como los exploradores volvieran, colocarían a sus tropas más experimentadas en la frontera para repeler cualquier invasión lo mejor que pudieran.

Su plan funcionó. Cuando los espías volvieron, su informe fue mixto. Josué y Caleb dijeron que el país fluía leche y miel. Incluso trajeron un racimo de uvas y algunas granadas e higos con ellos y concluyeron diciendo que el Señor entregaría a los cananeos en sus manos.

Pero los otros espías se lamentaron de las ciudades grandes y bien fortificadas y de un territorio que las devoraría.

> Todo el pueblo que vimos en medio de ella es gente de gran estatura. También vimos allí gigantes, hijos de Anac, raza de los gigantes. Nosotros éramos, a nuestro parecer, como langostas, y así les parecíamos a ellos (Números 13:32-33, *énfasis mío*).

Los israelitas también poseían el conocimiento del bien y del mal. Habían sido esclavos en Egipto, no guerreros. Comparando sus habilidades de combate con las de los residentes, suponiendo que *todos fueran de gran altura,* determinaron que serían masacrados si intentaban invadir. Por lo tanto, confiaron en su propia comprensión en lugar de la habilidad del Señor para superar cualquier obstáculo.

Cuando un pequeño contingente invadió luego que el Señor les dijo que no estaría con ellos, los cananeos los derrotaron.

* * * * *

El Reposo de Dios para los que Creemos

El escritor de Hebreos comienza citando el Salmo 95: 7-11 para definir de manera más completa el reposo de Dios.

También explica cómo los israelitas fallaron en apropiarse de Su descanso y cómo está disponible para nosotros los que creemos.

> Si oís hoy su voz, no endurezcáis vuestros corazonescomo en la provocación, en el día de la tentación en el desierto... "Siempre andan vagando en su corazón y no han conocido mis caminos." Por tanto, juré en mi ira: "No entrarán en mi reposo."
>
> ...¿Y a quiénes juró que no entrarían en su reposo, sino a aquellos que desobedecieron? Y vemos que no pudieron entrar a causa de su incredulidad.
>
> ...También a nosotros se nos ha anunciado la buena nueva como a ellos;
>
> ...Pero los que hemos creído entramos en el reposo, de la manera que dijo: «Por tanto, juré en mi ira que no entrarían en mi reposo» aunque las obras suyas estaban acabadas desde la fundación del mundo,
>
> Si Josué les hubiera dado el reposo, no hablaría después de otro día. Por tanto, queda un reposo para el pueblo de Dios, porque el que ha entrado en su reposo, también ha reposado de sus obras, como Dios de las suyas. Procuremos, pues, entrar en aquel reposo, para que ninguno caiga en semejante ejemplo de desobediencia (Hebreos 3:7 - 4:11, *énfasis mío*).

Estos breves segmentos[2] se centran en el reposo de Dios. Indican que aquellos que se rebelaron no obtuvieron Su reposo debido a su incredulidad. Por lo tanto, la fe es un requisito para la entrada.

Además, *nosotros que hemos creído* en las buenas nuevas

del evangelio entramos en ese reposo. La palabra entrar es un verbo de tiempo presente y es tan importante que comienza el tercer versículo en el texto griego. Como tal, indica que entrar en Su descanso no es un evento de una sola vez sino una postura*continua* de fe. *Han creído* es un participio en tiempo pasado, que significa que nuestra aceptación de Jesucristo como nuestro Señor y Salvador nos permite participar en el descanso de Dios.

Terminado desde el la Fundación del Mundo

La palabra *aunque* vincula nuestra entrada a Su reposo con las obras que Él "acabó desde la fundación del mundo," dejando en claro que las tareas de las que Él descansó en Génesis 2: 2, 3 incluyen mucho más de lo que Él logró en la creación. Hay una serie de pasajes del Nuevo Testamento que proclaman la extensión de Sus logros.

> Con Cristo estoy juntamente crucificado (Gálatas 2:20).
>
> Pero Dios, que es rico en misericordia, por su gran amor con que nos amó, aun estando nosotros muertos en pecados, nos dio vida juntamente con Cristo (por gracia sois salvos). Juntamente con él nos resucitó, y asimismo nos hizo sentar en los lugares celestiales con Cristo Jesús (Efesios 2:4-6 *énfasis mío*).
>
> La adoraron todos los habitantes de la tierra cuyos nombres no estaban escritos desde el principio del mundo en el libro de la vida del Cordero que fue inmolado (Apocalipsis 13:8,

énfasis mío).

Por medio de la fe, fuimos crucificados, resucitados y sentados en los lugares celestiales *junto* con Cristo. Aunque Pablo y el resto de nosotros no estuvimos presentes cuando Cristo fue crucificado, Dios incorporó nuestra muerte en Su muerte y nos levantó y nos sentó *con Él* a Su derecha (Efesios 1:20). Desde que Abraham vio el día de Cristo y se alegró, él también participó en la muerte y resurrección de Cristo.

El nombre de cada creyente fue escrito en el libro de la vida del Cordero antes del amanecer de la creación. Por lo tanto, Dios completó todo el alcance de la historia de la salvación a través de Su Hijo Jesucristo *antes* de que el mundo empezara.

> *Aunque Pablo y el resto de nosotros no estábamos presentes cuando Cristo fue crucificado, Dios incorporó nuestra muerte en Su muerte y nos levantó y nos sentó con Él a Su derecha (Efesios 1:20).*

El último segmento de Hebreos define el reposo sabático disponible para el pueblo de Dios. La frase "el que ha entrado en su reposo" se refiere al segmento anterior "los que hemos creído entramos en el reposo." La palabra *reposado* (Hebreos 4:10) es un verbo en tiempo pasado, lo que significa que podemos adoptar una postura de descanso de nuestro trabajo porque ya está terminado de la misma manera que Dios ha descansado de Su obra terminada.

La Postura de Reposo de Dios

El segmento anterior decía que Dios veía todos Sus logros a lo largo de la historia como terminados "desde la fundación del mundo." ¿Cómo puede el Señor adoptar tal postura? El Señor no sólo sabe lo que ocurrirá a medida que la historia progresa desde la creación hasta la manifestación de los nuevos cielos y la nueva tierra. Él también es un participante activo en esa historia.

> Pues somos hechura suya, creados en Cristo Jesús para buenas obras, las cuales Dios preparó de antemano para que anduviéramos en ellas (Efesios 2:10 *énfasis mío*).
>
> Sabemos, además, que a los que aman a Dios, todas las cosas los ayudan a bien, esto es, a los que conforme a su propósito son llamados. A los que antes conoció, también los predestinó para que fueran hechos conformes a la imagen de su Hijo, para que él sea el primogénito entre muchos hermanos. Y a los que predestinó, a estos también llamó; y a los que llamó, a estos también justificó; y a los que justificó, a estos también glorificó (Romanos 8:28-30 *énfasis mío*).

¡Cada verbo que describe la actividad de Dios en estos dos pasajes está en tiempo pasado! Porque Él es eterno y no está limitado por el tiempo, todo lo que Él logra dentro de Su eterna dimensión de la eternidad también se *completa* dentro del marco del tiempo.[3]

Nuestra Postura de Reposo

Puesto que adquirir Su descanso se logra a través de nuestra postura de fe y no como un privilegio concedido cuando nos convertimos en cristianos, el escritor de Hebreos nos desafía a "procurar entrar en aquel reposo ." Mientras pensemos que la entrada en *nuestra* tierra prometida depende de alguna manera de lo que debemos lograr, seremos devueltos por el "Anaceo" que está en nuestro camino. En cambio, podemos reconocer, a través de la fe, que las tareas que Dios nos está llamando a alcanzar ya han sido completadas para nosotros de antemano, permitiéndonos descansar en la obra terminada de Cristo.

Un Ejemplo de Reposo

Digamos que usted va a un juego de béisbol y, en la novena entrada, el equipo visitante está adelante por una carrera. Con la carrera de empate en la primera base y dos outs, el bateador lleva al lanzador a un conteo completo: tres bolas y dos strikes. La multitud sostiene el aliento cuando el lanzador tira una bola rápida por el centro de la zona de strike, para luego estallar en gritos estruendosos cuando el bateador produce un homerun para ganar el juego.

Sales del estadio todavía emocionado de los resultados de ese batazo final. La noche siguiente, tu ves el informe deportivo en las noticias de las seis para saborear el momento una última vez.

Una vez más, la cuenta está llena con dos outs y un corredor en primera base. Esta vez, sin embargo, tu corazón no está en tu garganta mientras miras al lanzador contrario hacer su tiro.¿Por qué? Porque tu sabes lo que pasará después. En lugar de estar ansioso, puedes descansar en el conocimiento de que el bateador ofrecerá un homerun para ganar el juego.

Del mismo modo, podemos descansar sabiendo que el resultado de los eventos a los que Dios nos llama a participar es *asegurado*, al igual que recordar el batazo final en el estadio nos permite descansar mientras vemos la repetición en las noticias del día siguiente.

Es por eso que sin fe es imposible agradarle (Hebreos 11: 6). Sus caminos son más altos que nuestros caminos y Sus pensamientos son más altos que nuestros pensamientos (Isaías 55: 8). No podemos lograr nada para Dios por nuestra cuenta (Juan 15: 5), porque todo lo que hacemos con base en nuestro propio entendimiento está fuera de Su obra terminada.

> "No todo el que me dice: "¡Señor, Señor!", entrará en el reino de los cielos, sino el que hace la voluntad de mi Padre que está en los cielos. Muchos me dirán en aquel día: "Señor, Señor, ¿no profetizamos en tu nombre, y en tu nombre echamos fuera demonios, y en tu nombre hicimos muchos milagros?" Entonces les declararé: "Nunca os conocí. ¡Apartaos de mí, hacedores de maldad!" (Mateo 7:21-23, *énfasis mío*).

Desde una perspectiva humana, estas personas están haciendo el trabajo de Dios y son muy religiosas. Pero hay un problema. No hay relación personal con el Dios al que están tratando de servir.Jesús declara "Nunca te conocí" y les ordena que abandonen Su presencia. Dice que son "obreros de iniquidad" precisamente porque todo lo que hacen está gobernado por la ley del pecado y la muerte más que por la ley del Espíritu de Vida. En otras palabras, no pueden agradar al Señor porque no hay nada que estén realizando que sea parte de Su historia de salvación completada antes de que la tierra fuera formada.

> *No podemos lograr nada para Dios por nuestra cuenta (Juan 15: 5), porque todo lo que hacemos con base en nuestro propio entendimiento está fuera de Su obra terminada.*

Jesús es Nuestro Reposo

> Respondió entonces Jesús y les dijo:De cierto, de cierto os digo: No puede el Hijo hacer nada por sí mismo, sino lo que ve hacer al Padre. Todo lo que el Padre hace, también lo hace el Hijo igualmente, porque el Padre ama al Hijo y le muestra todas las cosas que él hace (Juan 5:19-20).

Hay más en este pasaje que una respuesta a Sus detractores. Jesús más tarde dijo a Sus discípulos que Él y su Padre harían su hogar con aquellos que lo aman (Juan 14:23). Su relación con Su Padre sigue siendo la misma. Es decir, Jesús sigue haciendo lo que observa a su Padre y el Padre, que ama al Hijo, continúa mostrándole toda su obra terminada. Sólo ahora, Jesús hace lo que Él detecta a su Padre haciendo *en y a través de nosotros*. ¿Cómo? A través de Su cuerpo, la iglesia.

> Vosotros, pues, sois el cuerpo de Cristo y miembros cada uno en particular. Y a unos puso Dios en la iglesia, primeramente apóstoles, luego profetas, lo tercero maestros, luego los que hacen milagros, después los que sanan, los que ayudan, los que administran, los que tienen don de lenguas. ¿Son todos apóstoles? ¿Son todos profetas? ¿Son todos maestros? ¿Hacen todos milagros? ¿Tienen todos dones de sanidad? ¿Hablan todos lenguas? ¿Interpretan todos? Procurad, sin embargo, losdonesmejores (1 Corintios 12:27-31, *énfasis mío*).

Somos miembros del cuerpo de Cristo con Él como nuestra cabeza (Efesios 1:22, 23). Los órganos individuales de nuestro propio cuerpo trabajan juntos en armonía. De la misma manera, estamos equipados con dones espirituales únicos que funcionan bajo Su guía como nuestra Cabeza y en el poder y la sabiduría del Espíritu (Juan 16:13). Esto nos permite realizar la obra terminada que el Padre continúa mostrando a Su Hijo.[4]

> Ahora me gozo en lo que padezco por vosotros y cumplo en mi carne lo que falta de las aflicciones de Cristo por su cuerpo, que es la iglesia. De ella fui hecho ministro... para que anuncie cumplidamente la palabra de Dios, el misterio que había estado oculto... pero que ahora ha sido manifestado a sus santos... que es Cristo en vosotros, esperanza

> de gloria. Nosotros anunciamos a Cristo... a fin de presentar perfecto en Cristo Jesús a todo hombre. Para esto también trabajo, luchando según la fuerza de él, la cual actúa poderosamente en mí (Colosenses 1:24-29, *énfasis mío*).

Toda la obra que el Padre muestra al Hijo fue realizada antes del comienzo de la creación. Podemos entrar en el reposo de Dios a través de la fe, sabiendo que Su obra completada es revelada a nosotros y llevada a cabo en nosotros por Jesucristo, con *toda Su energía* que Él continúa manifestando dentro de nosotros.

Preguntas de Estudio para Discusión

- Cuando Dios descansó de toda Su obra en el séptimo día (Génesis 2: 1-3), ¿Incluyó Su descanso más que Su obra en la creación ?
- ¿Qué quiso decir Dios cuando dijo a Moisés: "Yo te daré descanso" (Éxodo 33:14) ?
- ¿Por qué los israelitas no pudieron entrar en el reposo de Dios (Hebreos 3:19) ?
- ¿Cómo sabemos que toda la historia de la salvación ha sido terminada "desde la fundación del mundo" (Hebreos 4: 3, Gálatas 2:20, Efesios 2: 4-6, Rev. 13: 9) ?
- ¿Cómo entramos en el reposo de Dios (Hebreos 4: 6-10) ?
    - ¿Cuál es tu definición del reposo de Dios?
    - ¿Entrar en el reposo de Dios es un privilegio que se nos otorga cuando nos convertimos en cristianos?
- ¿Cómo puede el Señor adoptar su postura de descanso (Efesios 2:10, Romanos 8: 28-30)?
- ¿Cómo es Jesús nuestro reposo (Colosenses 1: 24-28) ?
- ¿Cómo podemos entrar en el reposo de Dios mientras estamos activamente involucrados en la

obra que Él nos ha llamado a realizar (Hebreos 4:10, 11) ?

- ¿Por qué es imposible agradar a Dios sino por medio de la fe (Hebreos 11: 6)?

Diez
Sígueme

Tu Búsqueda de la Verdad

Si eres como yo, tu búsqueda de la verdad es una gran cosa. Dije en el capítulo 7 que la Biblia es una de las tres maneras en que el Señor nos revela Su verdad. Constituye el fundamento para nuestro conocimiento de la relación que tenemos con Dios. Por lo tanto, es esencial que sepamos cómo interpretar la Biblia[1].

> Procura con diligencia presentarte a Dios aprobado, como obrero que no tiene de qué avergonzarse, que usa bien la palabra de verdad (2Timoteo 2:15).

"Que usa bien la palabra de verdad" no es tan sencillo como podría parecer. Examinemos algunas áreas que pueden oscurecer nuestra perspectiva.

Traducción versus Idioma Original

Es probable que estudies la Biblia usando una traducción. Esto es lógico ya que aprendemos a leer en nuestra lengua materna. Sin embargo, a menudo no es posible una correlación de uno a uno entre el idioma que estás leyendo y la versión primaria. Tomemos por ejemplo una frase de Génesis 3:15: "... él te herirá en la cabeza, y tú le herirás en el calcañar." Esa interpretación apunta a un hijo particular de Eva que heriría la cabeza de la serpiente. Pero, como se señaló en el capítulo 2, el Hebreo también puede ser interpretado como: "... ellos te herirán la cabeza y tú los herirás en el calcañar." Esta traducción se centra en el continuo conflicto entre la progenie de Eva y Satanás. Ambas son interpretaciones válidas. Pero sólo una puede ser seleccionada por los traductores.

Así como las frases pueden ser expresadas de más de una manera, cada palabra puede ser traducida con más de un término o frase. Los sinónimos son similares pero no idénticos. Así que, a menudo es útil ver varias traducciones diferentes para obtener una mejor esencia del significado subyacente. Además, la definición en tu diccionario puede diferir de la descripción en el idioma original. Un diccionario bíblico es un recurso esencial.

Exégesis versus Eiségesis

Cuando asistí al Seminario Teológico Fuller, nuestros profesores nos recordaban constantemente cuán crítico era dejar que el texto revelara su significado con la ayuda del Espíritu Santo en lugar de interpretarlo a la luz de nuestros sesgos particulares. La exégesis y la eiségesis son los términos técnicos, respectivamente, para estas dos perspectivas,[2] y pueden ser más sutiles de lo que se podría pensar. Dije en la introducción que mi propio conocimiento del pecado, la salvación y la fe estaba principalmente formado a través del lente del Nuevo Testamento. Este puede ser el caso en particular para cualquier persona que intenta entender los capítulos iniciales del Génesis ya que la información en esos pasajes es muy escasa.

Interpretando "La Caída"

Juan Calvino escribió: "todo el tercer capítulo de Romanos no es más que una descripción del pecado original [vss. 1-20]."[3] El pecado del que habla Calvino se refiere a la transgresión de Adán. De seguro, estamos en terreno firme cuando usamos una porción de la Escritura para indicarnoslo que significa otro pasaje. Después de todo, ambos están inspirados por el Espíritu Santo.

Sin embargo, hay un problema con esta lógica. Aunque es verdad que Romanos y Génesis son inspirados por Dios, en realidad estamos usando nuestra interpretación de Romanos 5: 12-21 para iluminar nuestra comprensión de Génesis capítulo 3. Para ampliar lo que quiero decir, echemos un vistazo a algunos fragmentos del pasaje en Romanos.

> Por tanto, como el <u>pecado</u> entró en el mundo por un hombre y por el <u>pecado</u> la muerte, así la muerte pasó a todos los hombres, por cuanto todos pecaron... No obstante, reinó la muerte desde Adán hasta Moisés, aun en los que no pecaron a la manera de la <u>transgresión</u> de Adán,... porque si por la <u>transgresión</u> de aquel uno muchos murieron, la gracia y el don de Dios abundaron para muchos por la gracia de un solo hombre, Jesucristo... Así como por la <u>desobediencia</u> de un hombre

> muchos fueron constituidos pecadores, así también por la obediencia de uno, muchos serán constituidos justos (Romanos 5: 12-19, *énfasis mío*).

Pablo usa tres palabras para describir la acción de Adán: *pecado*, *transgresión*, y *desobediencia*.

Pecado es el término griego que se usa para traducir tanto las formasdel sustantivo como del verbo de la palabra hebrea en Génesis 4: 7: "el pecado acechando a la puerta."[4] El significado del verbo hebreo puede ser "hacer mal, cometer una equivocación o un error, errar el blanco o perder el camino."[5] En todo caso, depende del contexto.

> *Pablo usa tres palabras para describir la acción de Adán:* pecado, transgresión, *y* desobediencia.

Este término griego se refiere a un acto individual[6] cuya descripción se acerca a la definición hebrea. Para Pablo, no es sólo una acción personal, sino una dificultad que "abraza a toda la humanidad. El individuo siempre está en este estado general de pecado."[7]

En general, transgresión se aplica al pecado en su relación con la Ley.[8] No implica necesariamente un intento deliberado de violar la Ley y puede significar un exceso que desobedece a la Ley.[9] Por ejemplo, en 1 Timoteo 2:14, Pablo dice que Eva se convirtió en transgresora aunque ella fue engañada por la serpiente. Dado que fue engañada, violar el mandato de Dios no pudo ser su propósito premeditado. Los comentaristas Emerton y Cranfield, al escribir sobre la frase transgresión de Adán, dicen: "... no enfoca la atención en el hecho de que el pecado de Adán fue una transgresión de un mandamiento definido, sino que lo caracteriza simplemente como un paso en falso, un extravío ... y por tanto un error que violó su relación con Dios."[10] Y desobediencia significa no estar dispuesto a oír.[11]

Rebelión no se menciona en el análisis de Pablo del pecado de Adán. Como todos nosotros, tu has transgredido los mandamientos directos de Dios en la Ley. Pero cuando lo hiciste, ¿fue tu pecado un acto de rebelión voluntaria contra el Señor? Es decir, ¿trataste deliberadamente de deshacerte de Sus restricciones legales para afirmar tu propia independencia? Probablemente no. Si tu transgresión fue impulsiva o intencional, probablemente fue un paso en falso, un extravío, o un quedarse corto de la justicia de Dios revelada en la Ley. Dado que las consecuencias de la transgresión de Adán fueron tan horrendas, algunos comentaristas, reflexionando en su insubordinación, lo han calificado de rebelión. Este análisis ha ocurrido repetidamente a través de los siglos.

Además, las tres palabras escritas por Pablo representan un acontecimiento, y el único efecto destructivo de esa ocurrencia fue la muerte. Debido a esta descripción y a las interpretaciones subsecuentes, la revelación de Pablo del pecado como un adversario en Romanos 6: 12-14 y 7: 8-24 se ve como una personificación del pecado, una herramienta literaria usada por Pablo para ayudar a sus lectores a identificarse mejor con el aspecto demoníaco del pecado. Poca o ninguna asociación se hace entre Romanos 5: 12-21 y sus posteriores pasajes ni con Génesis capítulo 4, donde el pecado fue originalmente definido.

¿Adónde llevó a la iglesia cristiana primitiva el uso de Romanos para interpretar la transgresión de Adán? Repasemos más detalladamente Romanos 5: 12-14.

> Por lo tanto, así como el pecado vino al mundo a través de un solo hombre, y la muerte por el pecado, y así la muerte se extendió a todos los hombres porque todos pecaron, porque el pecado estaba en el mundo antes de que la ley fuera dada, no hay ley. Sin embargo, la muerte reinó de Adán a Moisés, incluso sobre aquellos cuyo pecado no era como la transgresión de Adán.

Pablo dice que el pecado vino al mundo a través de un solo hombre, dando como resultado la muerte que se extendió a todos los hombres desde Adán a Moisés porque *todos pecaron*. La muerte prevaleció aunque sus acciones no *contaran* como transgresiones porque no violaron un mandato particular como la transgresión de Adán.

Eruditos de la Iglesia Primitiva

Entonces, ¿cómo se contaba el pecado de la gente que vivió desde Adán hasta Moisés *de manera* que les llevara a su muerte? Puesto que el pecado original de Adán fue desobedecer un mandato específico, una solución propone que la condena por ese pecado fue contada no sólo contra Adán, sino contra toda su progenie. Es decir, en Adán, todos sus descendientes pecaron. De esta manera, como se dice en Romanos 5:19, a través de la desobediencia de un hombre, muchos *fueron hechos* (verbo pasivo) pecadores.

Según los eruditos de la iglesia primitiva, el pecado original fue trasmitido en la concepción como un defecto innato[12] del alma o del espíritu de un individuo, de modo que la persona no podía agradar a Dios. Esta propuesta enfrenta dos problemas. Primero, los niños no serían aceptables para el Señor. Sin embargo, Cristo los escogió como ejemplos de aquellos que están en el reino de Dios.[13]

El primer niño nacido de Betsabé y David[14] también debe ser mencionado aquí. Betsabé había sido la esposa de Urías el heteo y David la había embarazado. Entonces David hizo que mataran a Urías en la batalla para poder casarse con Betsabé. Pero el profeta Natán condenó las acciones de David y dijo que el niño moriría. Aunque David oró y ayunó, suplicando por la vida del niño, el bebé murió después de sólo siete días (la circuncisión se hace el octavo día). Cuando David supo que el niño había muerto, dijo: "Yo voy hacia él, pero él no volverá a mí" (2 Samuel 12: 1-23). David creyó que su hijo incircunciso estaba con el Señor, y que un día se uniría a él.

> *Según los eruditos de la iglesia primitiva, el pecado original fue trasmitido en la concepción como un defecto innato del alma o del espíritu de un individuo, de modo que la persona no podía agradar a Dios.*

El segundo problema, aún más consecuente, es éste: ¿cómo pudo Jesús, descendiente de Adán, escapar a este defecto de Su Espíritu? No fue quitado por la circuncisión porque Isabel exclamó al ver a María, quien todavía estaba embarazada, "¿Por qué se me concede esto a mí, que la madre de mi Señor venga a mí?" (Lucas 1:43).

Calvino

Calvino y los reformadores redefinieron la solución anterior. Para ellos, la condena por el pecado original eliminó los dones y las capacidades que Dios había dado a Adán en el principio. Como resultado, quedó desnudo e indigente. Además, su imagen corrupta fue transmitida a su descendencia por medio de la concepción de modo que en Adán, todos estaban sucios e infectados con el contagio del pecado a los ojos de Dios.[15] Una vez más, esta opción tiene que tratar con los niños pequeños y con el nacimiento de Jesús.[16]

Una Interpretación Contemporánea

Una interpretación contemporánea de los acontecimientos en Génesis capítulo 3 puede ser hallada en el *Diccionario Teológico del Nuevo Testamento*, volumen uno, páginas 279-286, escrito por Gottfield Quell, un erudito del Antiguo Testamento, editado por Gerhard Kittel, y traducido del alemán al inglés por Geoffrey Bromiley, uno de mis profesores en el Seminario Teológico Fuller y el mentor de mi tesis doctoral. (Yo lo conocía personalmente, y Bromiley era un hombre cristiano verdaderamente humilde.)

Como su nombre lo indica, esta obra monumental no es un comentario, sino un tratamiento minucioso de todas las palabras del Nuevo Testamento de importancia religiosa o teológica. La palabra griega para *pecado* en Romanos 5:12 en su formade sustantivo y su forma verbal, junto con sus derivaciones, se investiga en las páginas 267-316 de este volumen. La traducción griega del Antiguo Testamento durante el primer siglo fue la Septuaquinta. Tanto la traducción hebrea como la griega fueron citadas junto con otras referencias sagradas y seculares. Así que, ésta exposición cubre el uso de estas palabras en el judaísmo, el helenismo y el Nuevo Testamento.

Es en el contexto de la valoración de esta palabra griega para pecado que se explica el relato de lo que se ha llamado la Caída. La interpretación de Quell comienza reconociendo que el autor de Génesis no usa aquella palabra.

> A este respecto, es particularmente instructivo que en la historia de la caída

> en Génesis, por ejemplo, en el gran pasaje del Antiguo Testamento que aborda temáticamente el problema religioso del pecado, no encontramos en absoluto la habitual terminología para pecado, a menos que contemos el término general para el mal. Lo que es pecado, está indicado de otras maneras en este pasaje (*énfasis mío*).[17]

La explicación de esta ausencia se encuentra en otro extracto.

> Es sorprendente que en esta historia de la tal llamada Caída no se haga uso de los términos técnicos habituales aparte del particularmente difícil [el autor insertó la palabra para el mal aquí]. Sólo del asunto en sí mismo sabemos que la referencia es al pecado. Ya que el autor trata de mediar un punto de vista y de describir procesos de manera típica, debe dejar de lado estos términos. Su naturaleza pedagógica estaría fuera de lugar en un intento por observar y retratar la vida en lugar de dar una presentación teológica de los resultados. Este último se deja al lector teológicamente inclinado (*énfasis mío*).[18]

Dos observaciones importantes pueden hacerse a estas alturas. Primero, el autor declara que es particularmente instructivo y sorprendente que la narración del Génesis no contenga ninguna terminología habitual para el pecado. Su solución para esta omisión: el lenguaje teológico estaría fuera de lugar en el contexto de su representación. Sin embargo, si era tan crítico para el autor del Génesis observar y retratar la vida en el capítulo 3 que *dejó de lado* el término religioso para el pecado, ¿por qué lo insertó en la observación y representación de la vida entre Caín y su hermano Abel en el capítulo 4?

En segundo lugar, las frases "Sólo del asunto en sí mismo sabemos que la referencia es al pecado" y "Este último se deja al lector teológicamente inclinado" implica que el lector está interpretando este pasaje dentro del contexto de sus sesgos teológicos. No importa cuán lógica pueda parecer una asociación, no quiere decir que el autor original también adoptó la explicación idéntica para su representación de estos eventos.

> La presentación continúa.
>
> Sólo la astuta serpiente percibe la desproporción entre la gravedad de las consecuencias, es decir, la muerte y la trivialidad de la acción prohibida. . . La respuesta leal no revela hasta ahora rastros de escepticismo, **pero sí revela una disposición para ello, y la serpiente sigue atrayéndola** (Quell ha resaltado estas palabras) creando la oportunidad de renunciar a su concepto literal de la prohibición.
>
> Sin embargo, es parte de la grandeza imperecedera de la historia que, pese a su claro reconocimiento de la naturaleza grotescamente equivocada del deseo de ser como Dios, no lo considera como escandaloso o vergonzoso, pero lo reconoce con la dolorosa dulzura de un experto.
>
> Sin embargo, a medida que se alcanza este efecto, con una aguda certeza se examina el núcleoreligioso del problema del pecado que se oculta de todo pensamiento conceptual. Esto se encuentra en el irrefutable derecho inmanente de la actitud impía del hombre en su hostilidad a Dios (*énfasis mío*).[19]

Quell reconoce que no hay rastros de escepticismo en la respuesta de la mujer a la serpiente y que el " núcleo religioso del problema del pecado se oculta de todo pensamiento conceptual." Y así, su asunción de su disposición al escepticismo sólo puede basarse en sus palabras, "ni lo tocaréis."

Si esta frase revela un descontento subyacente con la restricción de Dios, entonces podría proporcionar la base para tal afirmación. Pero hay otra explicación plausible para sus palabras: su esposo las agregó como un codicilo adicional para protegerla de tan siquiera acercarse al árbol. También implicó que eran parte de la advertencia original para darles un peso añadido. La historia humana está salpicada de ejemplos similares.

Quell dice que hay un claro reconocimiento de que la naturaleza de la pareja a desear ser como Dios fue algo grotescamente equivocado. Sin embargo, reconoce que el narrador no considera esto escandaloso ni vergonzoso. ¿Cómo podría haber una *identificación clara de* la naturaleza del deseo de la pareja si el texto dice tan poco como para apoyar esta afirmación?

Parece extraño que en medio de la generosidad extendida ante ellos en el jardín, ellos se impacientaron y se hicieron hostiles hacia Dios debido a Su restricción de abstenerse del fruto de aquel *único* árbol. Cuando fue interrogada por el

Señor, la esposa de Adán dijo que la serpiente la engañó. Su declaración es un *claro reconocimiento* de que ella no entendió las directrices de la serpiente y que su postura mental no era ni impía ni hostil.

Como se enunció anteriormente, hay otra razón por la cual Adán y su esposa querían ser como Dios. Si tus hijos quieren ser como tú cuando crezcan, su aspiración no es una expresión grotescamente equivocada de un deseo antagónico de independencia de ti porque tú no les has dado todo lo que querían, sino todo lo contrario. Te están dando uno de los mayores cumplidos que pueden otorgar. Adán y su compañera no eran diferentes. Ellos también querían ser más como su amoroso Padre celestial.

> La presentación continúa.
>
> Las palabras: "Ellos sabían que estaban desnudos", son al estilo de la historia, una manera de decir que los malhechores de pronto eran conscientes de un sentimiento de inseguridad. El narrador piensa que puede interpretar mejor el sentimiento como uno de vergüenza. Al mismo tiempo, el responde casualmente a la cuestión del origen de este notable sentimiento, mostrando que es una consecuencia del pecado y muy cercana, aunque no idéntica a ella. Sin pecado, el hombre y la mujer no tendrían nada que esconderse el uno del otro. Porque ellos transgredieron, perdieron su estado incluso en la esfera física. . . .
>
> Sin embargo, entre más fuertemente se enfatiza esta interpretación teológicamente, más claramente se debe afirmar que el objetivo

> del autor no es dar un recuento teológico correcto, sino más bien, si podemos usar la frase, popularizar un concepto teológico básico. . . Casi en ningún otro lugar del Antiguo Testamento encontramos discusión de una cuestión religiosa tan penetrante y sostenida por tal piedad (*énfasis mío*).[20]

Esta interpretación declara que la consecuencia del pecado produjo un sentimiento de vergüenza. Si la pareja no hubiera pecado, no tendrían nada que esconderse el *uno del otro*. Aun así, parece extraño que su transgresión del mandato de Dios produjera repentinamente una sensación de inseguridad el uno hacia el otro. Sus sentimientos de vergüenza y desnudez parecían más apropiados para su posterior encuentro con Dios, ya que fue Su advertencia la que desobedecieron. Además, no hay en ninguna parte de esta presentación una explicación de cómo su pecadoles llevó a la muerte *en el día en que comieron el fruto prohibido.*

La exposición del Génesis termina como empezó: enfatizando que el objetivo del narrador no era dar un relato teológico correcto. Una vez más, esto muestra una renuencia a considerar que podría existir otra interpretación que acreditaría al narrador una evaluación teológica precisa.

Todo el tratamiento del pecado termina con estas conclusiones.

> Hemos visto (1) que el pecado es la realidad que determina la naturaleza del mundo; (2) que esencialmente el pecado es el rechazo

> de la demanda de Dios por el hombre ensimismado. . . ; y (3) que la redención se resume en la remisión de pecados. Esto es lo que distingue al Nuevo Testamento del helenismo y el judaísmo. Esta es la forma en la cual el evento de Cristo es conocido (*énfasis mío*).[21]

La interpretación de Quell de Génesis capítulo 3 se explica dentro del contexto más amplio de una descripción completa de una de las palabras griegas para el pecado. También afirma que el pecado "se entiende como un acto individual."[22] Por lo tanto, no es sorprendente que al concluir este tratado los autores dijeran que "la redención se resume en la remisión de los pecados." Si nuestra percepción de la redención se evalúa como solamente la remisión (la cancelación de una deuda, cargo o pena) de los pecados (una lista de actos errantes), entonces hemos perdido de vista el aspecto más profundo de la salvación: su capacidad de librarnos de la fuente subyacente del pecado: el conocimiento del bien y el mal que heredamos de Adán.

Una Propuesta Alternativa

Como solución alterna, si interpretamos el pecado a través del lente de Génesis capítulos 3 y 4, vemos que Adán adquirió una aptitud intelectual debido a su transgresión del mandato de Dios: el conocimiento del bien y el mal. Con aquel entendimiento recién adquirido, comparó sus propias diferencias individuales con las de su esposa, resultando en sentimientos de desnudez y el deseo de vestirse.

Por supuesto, sus vestimentas improvisadas eran inútiles cuando se contrastaba a sí mismo con el Señor, llevando a la separación no sólo de su compañera, sino de Dios. La transgresión de Adán que tuvo lugar "el día" que él comió del fruto vinculó esa ruptura con la muerte relacional y la muerte espiritual.

Las ramificaciones de la muerte relacional condenarían a Adán, Eva y sus herederos a la muerte física debido al estrés debilitante que produciría a lo largo de sus vidas. Puesto que no habían sido creados para enfrentar ese tipo de tensión emocional, sus cuerpos incurrirían en repercusiones destructivas y volverían al polvo de la tierra. Inicialmente, aquel devastador proceso tomó cientos de años porque el Espíritu del Señor, que permanecía en ellos, contrarrestaba los efectos del estrés con el fruto del Espíritu. Pero la raza humana se volvió tan corrupta que el Señor dijo que no siempre lidiaría con la humanidad, y por lo tanto la extensión de sus días sería de ciento veinte años (Génesis 6: 3).

Las ramificaciones de la muerte relacional condenarían a Adán, Eva y sus herederos a la muerte física debido al estrés debilitante que produciría a lo largo de sus vidas.

Esta habilidad intelectual envenenó la relación que Caín tuvo con su hermano, lo que llevó al Señor a decir:

> "Si hicierais lo bueno, ¿no serías enaltecido?; pero si no lo haces, el pecado está a la puerta, acechando. Con todo, tú lo dominarás" (Génesis 4: 7, *énfasis mío*).

La capacidad de comprender lo que significaba "hacer lo bueno" o "no hacerlo" ahora formaba parte del carácter de Caín. El Señor no personificó el pecado como un adversario acechando en la puerta sólo para que Caín pudiera comprender mejor su significado. El conocimiento del bien y del mal que heredó de su padre coloreaba todos los aspectos de las situaciones que enfrentaba diariamente e incluso alimentaba su odio emocional hacia su hermano.

La advertencia de Dios de "tu lo dominarás" significaba que Caín debía vencer sus sentimientos, que el Señor no consideraba su sacrificio de la misma manera que la ofrenda de Abel, o el pecado acechando en la puerta lo tentaría a hacer algo peor. En lugar de "dominarlo", Caín confió en su propio entendimiento y decidió que la única manera de vengar su humillación era levantarse contra su hermano y matarlo: un acto pecaminoso provocado por la *fuente del pecado*, su conocimiento del bien y del mal.

El apóstol Pablo luchó sin éxito con este adversario, como podemos leer en Romanos 7: 7-25. El conocimiento que Pablo tenía del bien y del mal, su carne, produjo en él todo tipo de codicia por causa de la Ley: "No codiciarás." ¿Cómo? Cuando Pablo comparó sus recursos con los bienes de su prójimo, se sintió desnudo porque deseaba "vestirse" de lo que el otro poseía. Ese manantial de pecado lo engañó a pensar que sería más capaz de estar a la altura del otro, de ser más exitoso, de estar más satisfecho o más seguro de sí mismo si sólo pudiera obtener lo que otros disfrutaban.[23] Desgraciadamente, lo separaba de ellos y de El Señor, creando el estrés de la muerte relacional (Romanos 7: 7-11).

Esta propuesta alternativa no requiere un defecto innato ni la falta de dones y capacidades para ser transmitida de Adán en adelante porque no limita el concepto de pecado a hechos equivocados tales como los tres mencionados en Romanos 5: 12-21. Más precisamente, identifica el recurso heredado como la capacidad intelectual adquirida por Adán como consecuencia de su transgresión.

A pesar de que Jesús adquirió esa capacidad de Adán, El estaba previamente dotado del conocimiento del bien y del mal por ser el Hijo de Dios. Así que Él no fue tentado a hacer nada por Su propia autoridad.

Además, aunque los niños pequeños heredan este potencial de sus padres, no está lo suficientemente desarrollado para crear sentimientos de desnudez. Esto no quiere decir que nunca desobedezcan ni intenten afirmar su propia voluntad! Por supuesto que sí. Pero esas acciones no les hacen percibir que están desnudos. He aquí un breve ejemplo de lo que quiero decir.

* * * * *

Hace varios años, mi esposa y yo estábamos en nuestro patio en un caliente domingo de verano. Oímos risas y gritos: voces de niños que venían del patio de nuestro vecino. Miramos por encima de la valla para ver de qué se trataba la conmoción. Se celebraba una fiesta y los padres se reían de las payasadas de sus dos niñas gemelas de dos años. Mientras mirábamos, cada chica corría de prisa atravesando el aspersor de agua del césped, mientras alegremente trataba de acallar a gritos a su desnuda hermana.

La escena era realmente chistosa. Pero puedo asegurarte que ninguno de los adultos que miraban, incluidos nosotros, se habría desnudado y participado en los juegos con el mismo desenfrenado deleite inocente. Las niñas no tenían sentido de la desnudez a pesar de que sabían que el resto de nosotros se reían de ellas.

* * * * *

Por qué Es Importante Esta Alternativa

¿Por qué es importante una definición más amplia del pecado como se describe en esta propuesta alterna? Si reconocemos que la raíz del pecado es nuestra capacidad mental para discernir el bien y el mal, entonces podemos comenzar a entender que somos *incapaces* de superar a tal antagonista. Mientras intentemos, estaremos funcionando bajo la ley del pecado y la muerte. Pero si dejamos de intentar, si morimos al pecado, y creemos que no hay condenación para los que están en Cristo Jesús, entonces podemos vivir de acuerdo a la ley del Espíritu de Vida y caminar en la luz como Él está en la luz.

Esta alternativa cambia el enfoque del Evangelio. Si el pecado se caracteriza solamente como transgresiones, ofensas y desobediencia, puede ser percibido por los no cristianos como un inventario de por vida de actos errantes y la salvación se vería como un pago de sacrificio por esas infracciones. Mientras la lista no contenga ningún pecado grave, es probable que aquellas personas se vean a sí mismas como "buenas personas", no como "pecadores", con poca o ninguna necesidad de restaurar la comunión con Dios y nacer de nuevo. Si se unen a una iglesia, es probablemente más por la comunión con otras personas buenas que por el deseo de reconciliarse con Dios.

Uno solo necesita escuchar las noticias de cada día para reconocer que nuestro mundo está en serios problemas. Estamos tentados a mirar a la policía, el servicio social y otras agencias gubernamentales para detener la marea del mal que abruma a nuestra sociedad. Pero Jesús dijo:

> Vosotros sois la sal de la tierra; pero si la sal pierde su sabor, ¿con qué será salada? No sirve más para nada, sino para ser echada fuera y pisoteada por los hombres (Mateo 5:13, *énfasis mío*).

La sal realiza dos cosas: añade sabor a nuestra comida y es un conservante. En ambos casos, sólo un poco de sal es necesario, pero sólo si la sal es pura.

Somos la sal de la tierra. Si los no creyentes consideran que el Evangelio ya no es relevante debido a la forma en que se ven a sí mismos, entonces nuestra "sal" ha perdido su salinidad y no puede funcionar como un saborizante y conservante para nuestro mundo. Si su percepción del pecado se reduce a una letanía de ofensas, entonces es también limitadala capacidad del Espíritu Santo de redarguir al mundo del pecado (Juan 16: 8-10) para que el Padre pueda atraer a la gente a Su Hijo Jesucristo (Juan 6:44).

Recuperar una definición más completa nos da la oportunidad de señalar a la fuente del pecado: al conocimiento del bien y del mal y preguntar: "¿Quién te dijo que necesitas ser más delgado, más joven, más saludable, más guapo, más atlético, más inteligente, que debes hablar con más confianza, o que debes tener un mejor sentido del humor, tener una casa más grande en un barrio más exclusivo, un trabajo más impresionante con un salario más grande, tener un coche más nuevo, más rápido o más elegante, ropa más elegante, amigos influyentes o más tiempo para dedicarte a las cosas que quieres hacer? ¿Y por qué te "vistes" con los adornos de la riqueza, la educación, una posición notable, o incluso la piedad religiosa para que ya no te sientas vulnerable?"

> Somos la sal de la tierra. *Si los no creyentes consideran que el Evangelio ya no es relevante debido a la forma en que se ven a sí mismos, entonces nuestra "sal" ha perdido su salinidad y no puede funcionar como un saborizante y conservante para nuestro mundo. Si su percepción del pecado se reduce a una letanía de ofensas, entonces es también limitada la capacidad del Espíritu Santo de redarguir al mundo del pecado (Juan 16: 8-10) para que el Padre pueda atraer a la gente a Su Hijo Jesucristo (Juan 6:44) también es limitado.*

Entonces, podemos presentar el Evangelio como el remedio de Dios para salvar a la gente de sus intentos inútiles de ser aceptados e íntegros, y ayudarlos a vestirse de Su justicia por medio de una relación personal con Jesucristo.

> *¿Quién te dijo que necesitas ser más delgado, más joven, más sano, más bonito, más atlético, más inteligente, que debes hablar con más confianza, o que debes tener un mejor sentido del humor?*

Sigue a Cristo

Todos los cristianos son llamados a seguir a Cristo y, como miembros de Su cuerpo, a funcionar como luz y sal al mundo. Jesús identificó tres cosas que una persona debe hacer para seguirlo.

> Si alguien quiere venir en pos de mí, niéguese a sí mismo, tome su cruz y sígame, porque todo el que quiera salvar su vida, la perderá; y todo el que pierda su vida por causa de mí, la hallará. ¿De qué le servirá al hombre ganar todo el mundo, si pierde su alma? ¿O qué dará el hombre a cambio de su alma? (Mateo 16: 24-26, *énfasis mío*).

Niégate a ti mismo

El conocimiento del bien y del mal es un maestro despiadado, y se encuentra en el corazón de tu expresión de tí *mismo*. Incluso si te vistes con todo lo que el mundo puede ofrecer en un intento de estar completo y lleno, siempre encontrarás circunstancias que socavan tu confianza, dejando que te sientas vulnerable y desnudo. El autor de Eclesiastés describe una vida gastada en tal búsqueda.

> "Vanidad de vanidades" dijo el Predicador; "vanidad de vanidades", todo es vanidad.¿Qué provecho obtiene el hombrede todo el trabajo con que se afana debajo del sol? (Eclesiastés 1: 2, 3, *énfasis mío*).

Incluso si te vistes con todo lo que el mundo puede ofrecer en un intento de estar completo y lleno, siempre encontrarás circunstancias que socavan tu confianza, dejando que te sientas vulnerable y desnudo.

Toma tu Cruz

El Evangelio nunca será popular. Durante Su celebración final de Pascua con Sus discípulos, Jesús les advirtió con estas palabras.

> "Si el mundo os odia, sabed que a mí me ha odiado antes que a vosotros. Si fuerais del mundo, el mundo amaría lo suyo; pero porque no sois del mundo, antes yo os elegí del mundo, por eso elmundo os odia. Acordaos de la palabra que yo os he dicho: "El siervo no es mayor que su señor." Si a mí me han perseguido, también a vosotros os perseguirán; si han guardado mi palabra, también guardarán la vuestra" (Juan 15: 18-20, *énfasis mío*).

No te dejes engañar al pensar que hay alguna agradable manera de compartir el Evangelio para no ser despreciado, ridiculizado o perseguido. Por el contrario, una de las características de comprometerse con el señorío de Cristo es que el mundo se volverá contra ti. Pero ten en cuenta la última frase: así como algunos abrazaron alegremente el mensaje de Jesús, descubrirás a aquellos que son receptivos a tu testimonio también.

Sígueme

La relación de Cristo con su Padre es un modelo para nuestra relación con Él. Él dijo que no podía hacer *nada* por sí mismo, sino sólo lo que veía hacer a su Padre (Juan 5:19). Puede parecer extraño que Jesús dijera que había una cosa que Él no podía hacer: lograr algo por su propia voluntad. Después de todo, es fácil para nosotros. ¿Por qué habría sido imposible para Él?

Jesús reveló la razón en una conversación con los detractores judíos cuando dijo: "Yo y el Padre somos uno" (Juan 10:30). Hacer algo por Su propia autoridad lo separaría de Su Padre, trayendo muerte relacional y espiritual.

Él se negó a sí *mismo* y se comprometió al señorío de su Padre, ejecutando sólo lo que veía a su Padre hacer.

Si has nacido de nuevo, el Padre y el Hijo vinieron a morar en ti para sentarse en el trono de tu vida para que pudieras ser uno con ellos y participar en la relación de Cristo con Su Padre (Juan 17: 20-23). El Padre sigue amando a Su Hijo y mostrándole todas Sus obras. Y Su Hijo continúa llevando a cabo lo que Él ve a Su Padre hacer a través de ti y los otros miembros de Su cuerpo, la iglesia.

Jesucristo te está llamando a que te niegues a ti *mismo*, a tomar tu cruz y seguirlo como Él sigue a su Padre. Al obedecer Su llamado, Él continuará revelando Su plan para que seas una luz en este mundo oscuro, y que sirvas como sal a la tierra.

Mi Doxología Favorita

A aquel que es poderoso para guardaros sin caída y presentaros sin mancha delante de su gloria con gran alegría, 25 al único y sabio Dios, nuestro Salvador, sea gloria y majestad, imperio y poder, ahora y por todos los siglos. Amén (Judas 1: 24-25).

Preguntas de Estudio para Discusión

- Si fueras traductor, ¿qué harías para asegurarte de que tu versión de la Biblia transmitiera con precisión el significado subyacente del idioma original?
    - ¿Tratarías de traducir cada palabra y frase lo más literalmente posible o también tratarías de asegurarte de que el *significado* del texto original fuera transmitido en tu edición?
    - Si vivieras en un país cuya lengua no contiene ningua palabra para oveja o cordero, ¿cómo traducirías a Jesús como el Cordero de Dios?
        - ¿Crees que pueda haber palabras en hebreo antiguo que no existan en español? Es por estas y otras circunstancias que la traducción no es tan simple como se podría pensar.
- ¿Cuál es la diferencia entre exégesis y eiségesis?
    - ¿Por qué no podemos confiar en que un pasaje del Nuevo Testamento nos dará la interpretación correcta de un pasaje en el Antiguo Testamento?
    - ¿Puedes pensar en otros pasajes de la Biblia que podrían ser malinterpretados debido a la eiségesis?
- En 1 Corintios 13:12, Pablo dice que mientras

estamos en la tierra nuestra comprensión de la verdad es como ver por un espejo oscuramente, es sólo algo parcial. En todas las edades, seguidores sinceros de Dios han luchado con los asuntos de su tiempo y han buscado la guía del Espíritu Santo para "guiarlos a toda verdad" (Juan 16:13). Desde nuestra perspectiva, su iluminación puede parecer incompleta. Sin embargo, podemos ver más claramente porque nos mantenemos sobre sus hombros. ¿Crees que solemos pensar que nuestra interpretación de la Biblia es *correcta* debido al conocimiento del bien y el mal que heredamos de Adan? Por ejemplo, ¿crees saber qué día de la semana es el más apropiado para adorar a Dios, o cuántos años tiene la tierra, o qué significa la predestinación, o cuándo regresará Jesucristo, o cuál es la manera correcta de bautizar a una persona , o si hablar en lenguas es la mejor señal de estar lleno del Espíritu Santo? Miqueas 6: 8 siempre ha mantenido en perspectiva mi comprension de las opiniones de otros cristianos sinceros.

- ¿Nuestra insistencia en una interpretación particular de la Biblia une a los creyentes o nos separa, creando así una muerte relacional en el cuerpo de Cristo?

- ¿Por qué es importante una definición más amplia del pecado como se describe en mi propuesta alternativa?
    - ¿Una visión más limitada del pecado impide la capacidad del Espíritu Santo de "redarguir al mundo del pecado" (Juan 16: 8)?
        - ¿El conocimiento del bien y del mal contribuye a la opinión de una persona de sí misma como "buena persona?"
        - Nuestro mundo está en serios problemas. Jesús dijo que nosotros somos la sal de la tierra. ¿El estado del mundo dice algo sobre la condición de nuestra *sal*?
        - ¿Por qué tantos no creyentes perciben que el Evangelio ya no es relevante?
    - ¿Cómo una comprensión más completa del pecado nos permite señalar a una persona de dónde viene el sentirse inadecuado, de su conocimiento del bien y del mal, y ayudarle a ver que es incapaz de arroparse para ya no sentirse vulnerable?
        - ¿Cómo puede la presentación del Evangelio en esta manera permitirnos mostrar cómo

el remedio de Dios puede revestirlos en Su justicia a través de una relación personal con Jesucristo?

- ¿Llama Dios solamente a pastores, evangelistas y misioneros, o llama a todos los creyentes a funcionar como parte del cuerpo de Cristo?
  - ¿Qué significa negarte a tí *mismo*?
  - ¿Qué significa tomar tu cruz?
  - ¿Cómo es Jesucristo nuestro modelo cuando Él nos llama a seguirlo?
  - Dios te ha escogido para que desempeñes un papel único con Su Hijo en el cuerpo de Cristo. ¿Prestarás atención a su llamado a negarte a tí mismo, a tomar tu cruz y seguirlo como luz en este mundo oscuro, y servir como uno que es sal a la tierra?

Notas finales

Capítulo Uno

1. Las definiciones hebreas contenidas en este libro fueron tomadas de:
   A. Francis Brown, S.R. Driver, y Charles A. Briggs. *A Hebrew and English Lexicon of the Old Testament* (Oxford: At the Clarendon Press, 1968).
   B. Puntos de gramática tomados de: E. Kautzsch, A.E. Cowley, eds. *Gesenius' Hebrew Grammar* (Oxford University Press, 1966).

Capítulo Dos

1. E. Ray Clendenen, Jeremy Royal Howard, eds. *Holman Illustrated Bible Commentary* (Nashville, Tennessee: B&H Publishing Group, 2015) "Si Adán añadió al mandamiento de Dios, ciertamente tuvo un buen motivo, después de todo, si Eva nunca hubiera tocado el árbol, ciertamente no hubiera comido su fruto."
2. He incluido las desafortunadas consecuencias de seleccionar hojas frescas de higuera para la ropa puesto que subraya la desesperación que la pareja debe haber sentido en cubrir su desnudez y librarse de sus sentimientos de vergüenza. Conozco de primera mano los peligros de acercarse demasiado

a la savia de látex de las hojas frescas de higuera. Hace muchos años, mi esposa y yo visitamos a mi abuela de noventa años en Phoenix, Arizona. La madre de mi padre vivía en una pequeña casa en un campo, y en su patio había una higuera imponente. Ya había pasado su primicia frutal, pero todavía producía muchos más higos de los que cualquier individuo o familia podrían desear. Una tarde, tome una escalera y un balde de su garaje, me subí a la higuera y comencé a recoger algunos de los mejores higos que he comido. Al principio, apenas noté el enrojecimiento en la parte de atrás de mis manos y brazos. Pero para cuando el cubo estuvo lleno, yo más me rascaba en vez de recoger frutas. No puedo imaginar lo incómodo que debe haber sido usar taparrabos hechos de hojas recién cortadas de higo.

3. El capítulo 3 de Génesis no es el único lugar en el testamento hebreo donde una criatura tiene la habilidad de conversar con una persona. En este pasaje, Satanás capacitó a la serpiente para hablar con la esposa de Adán. En Números 22: 21-35, el Señor permitió a la mula de Balaam hablar con el profeta.
4. El género para la palabra hebrea *simiente* o *semilla*

es masculino. Por lo tanto, el pronombre enfático en el último segmento de Génesis 3:15 sería traducido como "él" para que coincida con este género, siempre y cuando "simiente" se interprete como un descendiente individual. Por otro lado, se traduciría como "ellos" si se interpreta "simiente" para denotar la progenie extendida de la mujer, la cual incluiría tanto a los hombres como a las mujeres descendientes.

5. Jewish Publication Society of America. *Las Sagradas Escrituras Según el Texto Masorético* (Philadelphia, Pennsylvania, 1955). La Biblia hebrea que compré como estudiante graduado en el Seminario Teológico Fuller tradujo este segmento como "ellos herirán tu cabeza, y tú herirás su calcañar." Dos notas sobre esta oración: Primero, la palabra *talón* es singular en el texto hebreo y por lo tanto se traduce como un sustantivo singular en la edición en español. Como un idioma antiguo, un sustantivo singular en hebreo podría a veces ser entendido como plural dependiendo del contexto. Segundo, la herida en la cabeza algunas veces se ha interpretado como una herida mortal. Sin embargo, el verbo *herir* no lleva tanto peso en particular, ya que "herir tu cabeza"

es probablemente en última instancia dirigido a Satanás, quien sigue estando muy vivo hoy en día. La frase más probablemente indica que una lesión sería infligida a Satanás mucho más debilitante de la que él sería capaz de infligir.

6. Usted ha oído la frase "el estrés mata." Aquí hay tres de muchas URL para respaldar esta afirmación: http: //www.livescience.com/2220-stress-deadly.html; Http://www.mindbodygreen.com/0-14560/10-rea-sons-why-stress-is-the-most-dangerous-toxin-in-your-life.html; Http://www.healthline.com/health-news/mental-ocho-maneras-estrés-daña-su-salud-082713#4. Hay otros factores que contribuyen al fallecimiento de una persona: varias enfermedades patogénicas y genéticas, exposición a toxinas ambientales, lesiones, mala alimentación, hábitos de vida, etc.
7. Dado que el esposo es la cabeza de su esposa, así como Cristo es la cabeza de la Iglesia, la relación del esposo con su esposa tiene el propósito de reflejar su relación con Cristo. Mientras Cristo es la cabeza de la iglesia, Su relación con nosotros no es de ninguna manera controladora o manipuladora. En cambio, su amable y solidaria sombrilla de protección,

seguridad y santidad nos permite florecer a nuestro potencial más completo, una postura que el apóstol Pablo insta a los maridos a asumir en sus relaciones con sus esposas.

8. http://www.sciencemag.org/news/2016/02/women-are-more-empathetic-men-yawning-study-suggests
9. 1 Corintios 15:20–28; 42–49.

Capítulo Tres

1. Véase también Hebreos 11: 4 para más pruebas de que el Señor estableció un sistema de sacrificio inicial.
2. Véase Génesis 3: 18-19 y 5:29.
3. J.A. Emerson, C.E.B. Canfield. *The International Critical Commentary on the Holy Scriptures of the Old and New Testaments, Romanos* (Edimburgo: T. & T. Clark Limited, 1977), 370.

Capítulo Cuatro

1. Comenzaré esta pequeña lista de ejemplos de comentaristas con un catálogo de posiciones explícitamente sostenidas por ellos para que sus posiciones puedan ser referenciadas por letras después de cada entrada en la lista.

   A. La frase "ni tocarás" significa un creciente descontento o resentimiento con la restricción de Dios de no comer el fruto.

1. Toda la respuesta de ella a la serpiente no fue una defensa de la autoridad de Dios, sino más bien fue dicha como un juez autónomo crítico de Su mandato.
2. La frase fue idea de la esposa de Adán.

B. El análisis del fruto por parte de la mujer se compara con 1 Juan 2:16.

C. El acto de comer el fruto fue una elección pensada, una afirmación deliberada de su deseo de vivir independientemente de la autoridad del Señor como "dioses que conocen el bien y el mal."

1. Al comer el fruto, Adán claramente mostró un desprecio por los favores que Dios les había dado.

D. Como resultado de comer el fruto, Adán y su esposa se dieron cuenta de que estaban desnudos y su desobediencia los hizo sentir culpables.

1. La culpa produjo vergüenza, motivándolos a vestirse.

E. Su desobediencia fue la verdadera razón por la que Adán y su mujer temieron y se escondieron del Señor.

F. Dios respondió con juicio contra sus súbditos infieles. (Hay poco en el tenor de estas declaraciones que muestre cualquier aspecto redentor a los pronunciamientos de Dios.)

G. En Su misericordia, Dios no mató a Adán y a su esposa el mismo día que desobedecieron Su mandato.

H. . La serpiente era en realidad el diablo en la forma y semejanza de una serpiente.

1. Guthrie, J.A. Motyer, A.M. Stibbs, D.J. Wiseman, eds. *The New Bible Commentary: Revised* (Grand Rapids, Michigan: Wm. B. Eerdmans Publishing Co., 1971), 84, 85. Posiciones: A.1, C, E, F.
2. Charles T. Frisch. *The Layman's Bible Commentary, Volumen 2, El libro de Génesis* (Richmond, Virginia: John Knox Press, 1963), 14, 15, 31-34. Positions: A, B, C, E, F.
3. Jon Courson. *Application Commentary, Old Testament, Volumen 1: Génesis* (Nashville, Tennessee: Thomas Nelson, Inc., 2005), 10-14. Posiciones: A, 2, B,C.
4. Matthew Henry, Martin H. Manser, eds. *The New Matthew Henry Commentary* (Grand

Rapids, Michigan: Zondervan, 2010), 9-14. Posiciones: C.1, D, D.1, E, F, H.

5. William MacDonald, Arte Farmstead, eds. *Holman Illustrated Bible Commentary* (Nashville, Tennessee: Thomas Nelson Publishers, Inc., 1990), 35, 36. Posición: B.

2. La frase "que estaba con ella" implica que Adán estaba al menos en la vecindad. Sin embargo, como él no mencionó a la serpiente en su respuesta al Señor en Génesis 3:12, su respuesta también parece implicar que no estaba lo suficientemente cerca de ella para escuchar los argumentos de la serpiente. Mi relato al final del capítulo 1 dice que la esposa de Adán lo dejó y viajó *hacia* el extremo norte del jardín. Puesto que el árbol del conocimiento del bien y del mal estaba en *medio* del jardín, ella pudo haber caminado solo una corta distancia antes de encontrarse con la serpiente. Esto también ayudaría a explicar por qué Adán estaba tan sorprendido de que su esposa volviera tan rápido cuando su intención original era cosechar almendras.

3. John Baille, John T. McNeill, Henry P. Van Dusen, eds. *The Library of Christian Classics, Volumen XX, Calvino: Institutes of the Christian Religion*

(Philadelphia: The Westminster Press, 1967), 245. "A Adán se le negó el árbol del conocimiento del bien y del mal para probar su obediencia y probar que estaba voluntariamente bajo el mando de Dios. . . Sirvió para probar y ejercer su fe."

Capítulo Cinco

1. Mateo 6:30, 8:26, 14:31, 16: 8; y Lucas 12:28. En Mateo 6:30, Jesús acuñó una sola palabra, "oligo-pistoi" (una transliteración al español). "Oligos" es una palabra griega que significa pequeña, chica, o corta: obtenemos la palabra oligarquía de ella. "Pistis" es la palabra griega para fe. El "oi" al final hace que el sustantivo sea plural. Alfred Marshall traduce esta palabra como "poca-fe" para proporcionar una interpretación tan literal como sea posible. Ver Alfred Marshall. *The Interlinear Greek-English New Testament, 2do Ed. The Nestle Greek Text with a Literal English Translation* (Grand Rapids, Michigan: Editorial Zondervan, 1958), 23.
2. William Sanford LaSor. *Daily Life in Bible Times.* (Cincinnati, Ohio: Standard Publishing, 1966), 35-38, 93-95.
3. El nombre hebreo de Jesucristo era Josué.
4. Mientras que el sitio real del el Sermon del Monte es

incierto, la tradición lo coloca en el monte Eremos, una colina al oeste de Capernaum. http://www. bibleplaces. com/mtbeatitudes/

5. Romans 4: 3, 9, 22, 23; Gálatas 3: 6; Génesis 15: 6 también se encuentra en Santiago 2:23.
6. Francis Brown, S.R. Driver, Charles A. Briggs, eds. *A Hebrew and English Lexicon of the Old Testament* (Oxford University Press, 1968). Según este diccionario, estas tres palabras se usan por primera vez en Génesis 15: 6.
7. Primer uso de la palabra *justo* en el Testamento Hebreo.
8. En Romanos 4: 1-5, Pablo construye sobre Génesis 15: 6 para subrayar que la justicia no fue concedida a Abram basándose en cualquier trabajo que hizo, sino únicamente en su creencia en la fidelidad de Dios.
9. Hay otro lado de la fe: cómo moldea nuestra carácter.

    > Hermanos míos, tened por sumo gozo cuando os halléis en diversas pruebas, sabiendo que la prueba de vuestra fe produce paciencia. Mas tenga la paciencia su obra completa, para que seáis perfectos y cabales, sin que os falte cosa alguna. Y si alguno de vosotros tiene falta de sabiduría, pídala a Dios, el cual da a todos abundantemente y sin reproche, y le será dada. Pero pida con fe, no dudando nada (Santiago 1: 2-6).

Se destacan varios elementos sobre este pasaje. En primer lugar, nuestra postura normal frente a las pruebas es *no* "tenerlas por sumo gozo." Así que, Santiago nos pide ver más allá de las pruebas hasta el conocimiento de que tales pruebas producen paciencia. Este acto de auto disciplina nos impedirá reaccionar emocionalmente a la situación y nos permitirá buscar la guía del Señor.

En segundo lugar, las pruebas no son todas del mismo tipo. Hay tribulaciones que ponen a prueba nuestra fe. Puesto que la fe es la base de nuestra relacion, podemos descansar en el conocimiento de que Dios no nos permitirá ser probados más allá de lo que somos capaces de soportar. El nos proveerá una forma para superar la prueba / tentación (1 Corintios 10:13).

Tercero, el objetivo de estas pruebas es producir un carácter completo y equilibrado.

Finalmente, en medio de estas pruebas de fe, podemos pedir Su sabiduría y será dada, a menos que dudemos que Dios es fiel y que nos guiará.

Las pruebas también incluyen sufrimiento. Véase Hechos 9:15, 16; 2 Corintios 12: 7-10; Filipenses 3:10, 11; 2 Timoteo 3:12; Hebreos 2:10.

10. Véase Marcos 16: 15-20.

Capítulo Seis

1. https://en.wikipedia.org/wiki/Amazing_Grace
2. Gerhard Kittel, ed., Geoffrey W. Bromiley, traductor al inglés. *The Theological Dictionary of the New Testament* (Grand Rapids, Michigan: Wm. Eerdmans Publishing Company, 1977), 3: 318-323.
3. Véase también Hebreos 8: 1-10: 18 para otro relato de la propiciación de Cristo como el cumplimiento del ritual del testamento hebreo.
4. He subrayado *nosotros* en este versículo de Gálatas para señalar el hecho de que Pablo, un judío, se incluyó a sí mismo. Por lo tanto, ahora *todos* pueden recibir el Espíritu prometido por medio de la fe.
5. Dios es espíritu, y Él posee el conocimiento del bien y del mal como una cualidad de Su ser espiritual. Inicialmente, el Señor creó a Adán y a su esposa sin este conocimiento. Pero cuando comieron el fruto, llegaron a ser como dioses conociendo el bien y el mal. Esto es, porque fueron creados a imagen y semejanza de Dios, y porque este conocimiento era parte de Su ser espiritual, se convirtió en parte de su ser espiritual tan pronto como Adán transgredió

e ingirió el fruto. Nosotros heredamos este conocimiento de Adán a través de nuestros padres espíritu a espíritu. No se transmite genéticamente.

6. H.E. Dana, Julius R. Mantey, A Manual Grammar of the Greek New Testament (Toronto: The MacMillan Company, 1957), 157.
7. http://animals.mom.me/differences-between-chrysalis-cocoon-7964.html
8. Hay dos palabras para arrepentirse en el Nuevo Testamento. Una de ellas es raramente usada y se encuentra sólo en Mateo 21:30,32, y Mateo 27:3; 2 Corintios 7:8; y Hebreos 7:21. Su significado básico es remordimiento por determinada acción y generalmente se traduce como un *cambio de mentalidad.* El significado raíz de la palabra más común es un *cambio de corazón.* Con el primero, una persona expresa pesar por las consecuencias de sus acciones, pero este cambio de mentalidad no proporciona ningún alivio duradero. El remedio es resultado de un cambio de corazón. Véase Gerhard Kittel, ed., Geoffrey W. Bromiley, traductor al inglés. *The Theological Dictionary of the New Testament* (Grand Rapids, Michigan: Wm. B. Eerdmans Publishing Company, 1977), 4: 626-629.

9. El tiempo del verbo traducido "alcanzar" o "venir a" indica un punto específico del tiempo cuando tiene lugar el cambio de corazón, lo que significa que el deseo de Dios es que todos nazcan de nuevo. Desafortunadamente, no todos quieren tener un cambio de corazón.
10. http://www.4laws.com/laws/englishkgp/default.htm

Capítulo Siete

1. W.F. Arndt, F.W. Gingrich, eds. *A Greek-English Lexicon of the New Testament and Other Early Christian Literature* (The University of Chicago Press, 1971), 357.
2. Mateo 11:15, 13:9, 43; Marcos 4:9, 23; Lucas 8:8; 14:35; Apocalipsis 2:7, 11, 17, 29; 3: 6, 13, 22. Recuerda que nosotros, como seres espirituales, vivimos en nuestro cuerpo físico que está muriendo (2 Corintios 5: 1, 2). Nuestros oídos físicos son parte de nuestro cuerpo físico mientras que los oídos de nuestro espíritu son parte de nuestro espíritu.
3. Uno podría poner poner otra restricción a la voz de Dios: que Su mensaje debe ser validado por algún pasaje de la Biblia. En pocas palabras, si esto fuera un criterio, ¿qué pasaje bíblico le aseguró a Noé que

Dios quería que construyera el arca, o a Abram que abandonara la tierra de su padre y viajara a Canaán, o que su progenie sería innumerable como las estrellas?

4. W.F. Arndt, F.W. Gingrich, eds. *A Greek-English Lexicon of the New Testament and Other Early Christian Literature* (The University of Chicago Press, 1971), 875. Esta palabra significa guardar, proteger o mantener.
5. http://www.pbs.org/lawrenceofarabia/revolt/hospitality.html
6. https://www.youtube.com/watch?v=p340895JJG4
7. Una aclaración: el sufrimiento no es una cuarta manera en la que Dios nos guía. Es en el crisol del sufrimiento que Dios nos guía. Él no inicia el sufrimiento como una avenida para guiarnos.

Capítulo Nueve

1. J.D. Douglas, ed. *The New Bible Dictionary* (Grand Rapids, Michigan: Wm. B. Eerdmans Publishing Co., 1970), 481.
2. Te animo a leer los capítulos 3 y 4 de Hebreos.
3. Esta es la razón por la cual el Espíritu Santo puede declararnos lo que está por venir (Juan 16:13).
4. Efesios 4: 11-16.

Capítulo Diez

1. Tu también puedes estar preguntándote por qué he utilizado tantas citas bíblicas en lugar de sólo hacer referencia a ellas en el texto. Hay dos razones: Ha sido mi experiencia que la mayoría de las personas, incluyendome a mi, no suele detenerse a media página para buscar una referencia bíblica porque puede interrumpir el fluir de la lectura. Incluyo la Escritura para que el lector pueda ver realmente de donde vienen mis declaraciones. Además, esto es lo que Isaías dice acerca de la Palabra de Dios:

   > "Así será mi palabra que sale de mi boca; no volverá a mí vacía, sino que hará lo que yo quiero, y será prosperada en aquello para que la envié" (Isaías 55:11).

2. https://en.wikipedia.org/wiki/Exegesis
   https://en.wikipedia.org/wiki/Eisegesis
3. John Baille, John T. McNeill, Henry P. Van Dusen, eds. *Biblioteca de Clásicos Cristianos, Volumen XX, Calvino: Institutes of the Christian Religion* (Philadelphia: The Westminster Press, 1967), 253.
4. Gerhard Kittel, ed., Geoffrey W. Bromiley, traductor al inglés. *The Theological Dictionary of the New Testament*, 1: 268, 294, 295.
5. Francis Brown, S.R. Driver, Charles A. Briggs, eds. *Diccionario Hebreo e Inglés del Antiguo Testamento*

(Oxford University Press, 1968), 306.

6. Gerhard Kittel, ed., Geoffrey W. Bromiley, traductor al inglés. *The Theological Dictionary of the New Testament*, 1:295.
7. Ibid, 309.
8. Ibid, 5:739.
9. W.F. Arndt, F.W. Gingrich, eds. *A Greek-English Lexicon of the New Testament and Other Early Christian Literature* (The University of Chicago Press, 1971), 617.
10. J.A. Emerson, C.E.B. Canfield, *The International Critical Commentary on the Holy Scriptures of the Old and New Testaments, Romanos* (Edimburgo: T. & T. Clark Limited, 1977), 284.
11. W.F. Arndt, F.W. Gingrich, eds. *A Greek-English Lexicon of the New Testament and Other Early Christian Literature*, 624, 627. (En realidad Pablo usa dos palabras griegas diferentes para transgresión.)
12. John Baille, John T. McNeill, Henry P. Van Dusen, eds. *The Library of Christian Classics, Volumen XX, Calvin: Institutes of the Christian Religion* (Philadelphia: The Westminster Press, 1967), 247.
13. Mateo 18: 1-6, 19:13, 14; Marcos 10:13, 14; Lucas 18:15, 16.

14. 2 Samuel 11: 1-12: 23.
15. John Baille, John T. McNeill, Henry P. Van Dusen, eds. *The Library of Christian Classics, Volumen XX, Calvino: Institutes of the Christian Religion*, 248-250.
16. No estoy criticando a Juan Calvino ni a ninguna otra persona que haya estado antes de nosotros y haya buscado diligentemente la verdad. Todos vemos por un espejo oscuramente y lo que sabemos es parcial (1 Corintios 13:12); nadie tiene una imagen completa de la verdad. Desde Policarpo hasta Agustín, y desde Calvino y Lutero hasta el presente, nos colocamos sobre los hombros de fieles siervos de Cristo y estamos en deuda con ellos por seguir la dirección del Espíritu Santo.
17. Gerhard Kittel, ed., Geoffrey W. Bromiley, traductor al inglés. *The Theological Dictionary of the New Testament*, 1: 279.
18. Ibid, 281.
19. Ibid, 281-283.
20. Ibid, 284, 285.
21. Ibid, 316.
22. Ibid, 295.
23. Estos son ejemplos hipotéticos basados en la referencia de Pablo a "No codiciarás."

NOTAS

NOTAS

NOTAS

NOTAS

www.ingramcontent.com/pod-product-compliance
Lightning Source LLC
Jackson TN
JSHW060705190426
101040JS00035B/476

* 9 7 8 1 9 4 6 8 8 9 2 2 5 *